#1

Alle für einen. Und ein Titel für alle.

Audi gratuliert dem Audi Sport Team Abt Sportsline zum Sieg in der DTM-Teamwertung.

Die Audi Piloten Mike Rockenfeller und DTM-Vizemeister Mattias Ekström holten im letzten Saisonrennen die nötigen Punkte für den Teamsieg. Edoardo Mortara vom Audi Sport Team Rosberg wurde „Rookie of the year". Nach dieser erfolgreichen Saison müssen sich nun alle – auch DTM-Champion Martin Tomczyk – vom legendären Audi A4 DTM verabschieden. Doch die Vorfreude auf 2012 ist groß: Wir begrüßen DTM-Rückkehrer BMW auf unsere Art – mit dem neuen Audi A5 DTM. www.audi.de/dtm

Audi Sport
Vorsprung durch Technik

INHALT

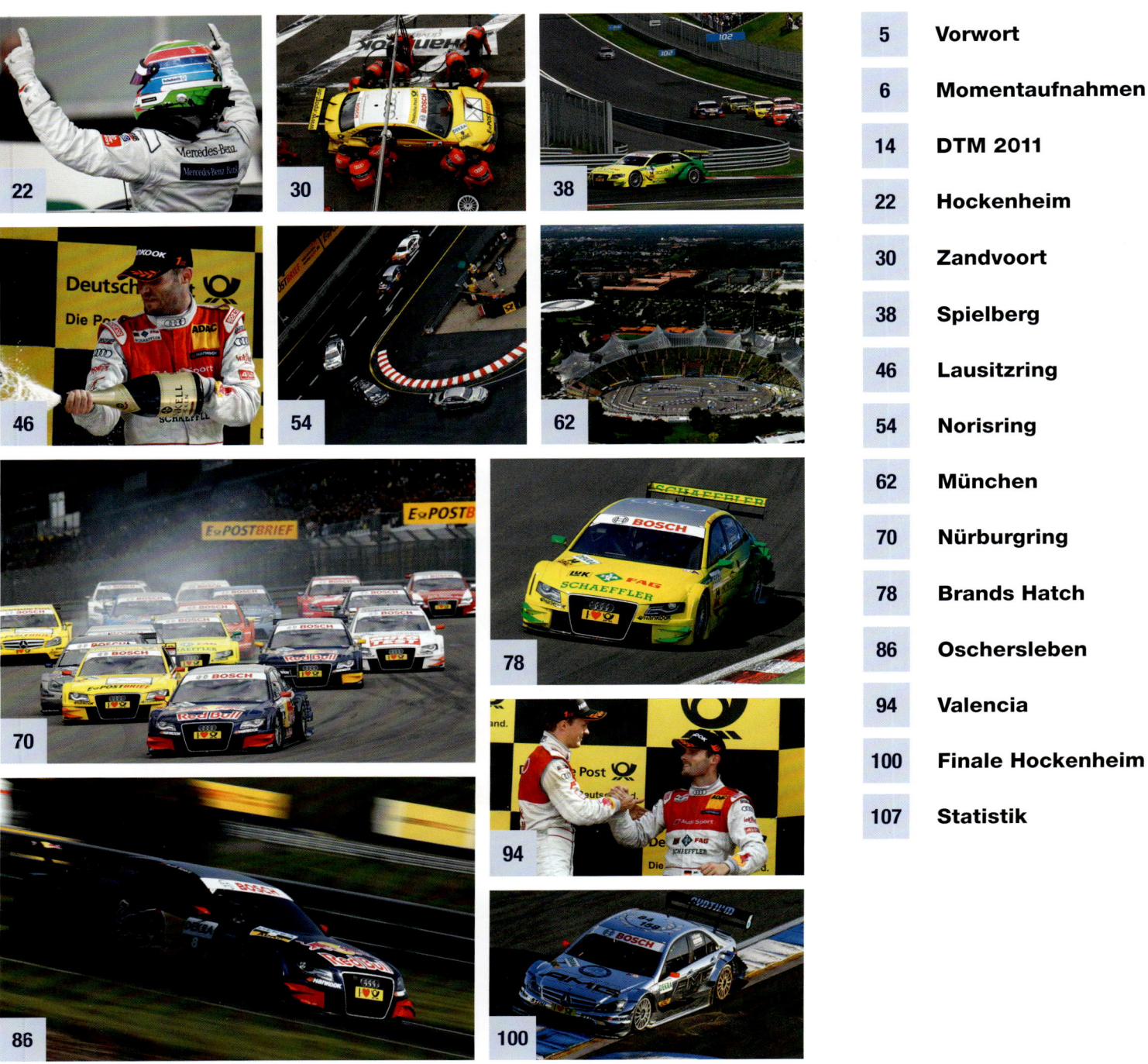

Seite	
5	Vorwort
6	Momentaufnahmen
14	DTM 2011
22	Hockenheim
30	Zandvoort
38	Spielberg
46	Lausitzring
54	Norisring
62	München
70	Nürburgring
78	Brands Hatch
86	Oschersleben
94	Valencia
100	Finale Hockenheim
107	Statistik

IMPRESSUM

Produktion & Vertrieb
Speedpool Multimedia-Service GmbH
Bernhard-Nocht-Straße 99, 20359 Hamburg
Telefon: +49 40 300682-0
Internet: www.speedpool.com
E-Mail: info@speedpool.com

Geschäftsführer Thomas Voigt

Text und Redaktion Torben Schröder

Fotos Friedemann Bock, GEPA pictures,
ITR, Torsten Karpf, Michael Kunkel/Audi,
Thomas Suer, Jürgen Tap/Hoch Zwei,
Thomas Urner, Werke, WIGE, Wolfgang Wilhelm

Layout Hella Fassauer, Jana Herbst,
Robin John Herzer, Clemens Kügler,
Thomas Wildelau, Moritz Zschunke

Druckvorstufe Julien Gradtke,
Anke von Lübken, Kathrin Voß

Schlussredaktion Iris Wedekind

Koordination Carina Chowanek, Carolin Grethe

Druck
Hansmann Verlag Sponholtz Druck GmbH
Heinrich-Hertz-Straße 21
30966 Hemmingen

Anzeigen
G. F. MediaMarketing GmbH
Günther Frauenkron
Großer Burstah 44, 20457 Hamburg
Telefon: +49 40 239375-10
Internet: www.gf-mediamarketing.de
E-Mail: gf@gf-mediamarketing.de

In Kooperation mit ITR e. V.
Printed in Germany
ISBN 978-3-940672-40-7

„DAS ENDE EINER ÄRA IST DER BEGINN DER ZUKUNFT"

Liebe DTM-Fans,

seit dem Comeback der DTM im Jahr 2000 haben wir zwölf tolle Jahre Tourenwagen-Motorsport auf allerhöchstem Niveau gesehen, in den vergangenen sechs Jahren den Zweikampf der beiden deutschen Premium-Hersteller Audi und Mercedes-Benz. Eine Ära geht nun zu Ende – in doppelter Hinsicht, denn im kommenden Jahr fahren wir auf Basis eines neuen Reglements und mit BMW gesellt sich ein dritter Hersteller hinzu. Mir geht es bei dem Gedanken an 2012 nicht anders als jedem DTM-Fan: Ich freue mich einfach darüber, dass die Zusammenarbeit mit den etablierten Marken Audi und Mercedes-Benz weitergeht, und ich freue mich ebenso auf den frischen Wind, den BMW in die DTM wehen wird. Ganz zu schweigen von den neuen Autos: Sie sind flacher und breiter – einfach tolle Tourenwagen.

Bei aller Vorfreude auf das kommende Jahr vergessen wir nicht die abgelaufene Saison 2011, denn sie war unvergesslich. Mit Martin Tomczyk ist ein Fahrer Champion geworden, den wohl niemand so recht auf der Kandidatenliste für den Titelgewinn hatte. Tomczyk war schon immer ein schneller Fahrer. Das beweisen seine Erfolge in der DTM. Aber ihm hat eine gewisse Konstanz gefehlt, um den Durchbruch zu schaffen. Jetzt hat er allen gezeigt, dass er ein ganz Großer ist. Herzlichen Glückwunsch, Martin Tomczyk!

Tomczyks Titelgewinn ist auch ein Verdienst der seit 2009 greifenden Technikeinfrierung. Schließlich ist er der erste Pilot, der in der „neuen DTM" mit einem Auto älteren Jahrgangs zum großen Triumph fuhr. Von daher haben wir, im Nachhinein gesehen, vor drei Jahren alles richtig gemacht. Die DTM wurde kostengünstiger und der Leistungsunterschied zwischen den verschiedenen Jahrgängen der Fahrzeuge wurde nivelliert.

So schön die Saison für Martin Tomczyk war, so bitter war sie für Bruno Spengler. Er ist zum wiederholten Male kurz vor der Ziellinie gescheitert. Pech, eigene Fehler, Fehler des Teams – wenn zu viel Negatives zusammenkommt, dann reicht es im Motorsport nicht zum Titelgewinn. Neben Martin Tomczyk hat mich Edoardo Mortara überrascht. Es ist beeindruckend, wenn Serienneulinge auf Anhieb starke Leistungen bringen. Zwei dritte Plätze sind aller Ehren wert.

Mittlerweile liegen 25 Jahre DTM hinter Ihnen, liebe Fans, und hinter mir. Auf die Frage, ob ich DTM-müde wäre, kann ich nur sagen: weniger denn je. Ich freue mich schon auf das nächste Vierteljahrhundert DTM.

Hans Werner Aufrecht, Vorsitzender der DTM-Dachorganisation ITR e.V.

MEISTER DER HERZEN
(Wieder mal) kein Champion, aber auch Bruno Spengler kann sich für eine famose Saison 2011 mit Fug und Recht feiern lassen

MOMENTAUFNAHMEN

ACTIONGELADEN

Sechs Jahre Audi gegen Mercedes-Benz gehen zu Ende. Die letzte Saison im Hersteller-Duell war noch einmal eine besondere. Viele Überraschungen, drei Regenrennen, starke Rookies, geplatzte Knoten, verpasste Chancen. Motorsport eben. Wir freuen uns schon auf 2012

VORSCHAU
Stillgestanden

1. Das DTM-Fahrerfeld präsentiert sich zum zweiten Mal in Wiesbaden
2. 2011 feiert Hans Werner Aufrecht 25-jähriges Jubiläum als DTM-Chef
3. Neuer Reifenausrüster: die Koreaner von Hankook
4. Titelkandidaten aus Tradition: Mattias Ekström (links) und Bruno Spengler
5. Ohne DTM-Champion 2010: Paul Di Resta zieht es in die Formel 1
6. Lohn aller Mühen: der Pokal für den Punktbesten 2011

DTM 2011 – VORSCHAU

Diese Saison läutet das Ende einer Ära ein: sechs Jahre DTM-Marken-Duell Audi gegen Mercedes-Benz. Für 2012, in der Saison der Reglement-Revolution, hat sich mit BMW ein dritter Hersteller angekündigt. 2011 starten 18 Fahrer und Fahrerinnen ein letztes Mal mit den „Oldtimern" Audi A4 DTM und AMG Mercedes C-Klasse der Jahrgänge 2008 und 2009. Die populärste internationale Tourenwagenserie freut sich auf das Comeback von Spielberg, fünf Rookies und das Show-Event im Olympiastadion München.

AUDI VOR DER SAISON
Ihr Auftrag: der Titel

Die Saison 2010 ist als die schwärzeste der „neuen DTM" in die Geschichtsbücher der Marke Audi eingegangen. Seit dem werksseitigen Comeback im Jahr 2004 war der beste Fahrer am Saisonende nie schlechter platziert als Gesamtrang drei. Im Vorjahr belegte Timo Scheider als bester „Audianer" den vierten Platz. Eine Schmach, die 2011 schnell vergessen gemacht werden soll.

Die Truppe liest sich auf dem Papier schlagkräftig. Mit Scheider und Mattias Ekström greifen zwei zweimalige Champions an. Unterstützt beim Audi Sport Team Abt Sportsline werden sie von den Durchstartern der Saisons 2009 und 2010, Oliver Jarvis und Miguel Molina. Mike Rockenfeller ist der fünfte „Abt". Er ersetzt Martin Tomczyk, der sich bei Rockenfellers ehemaligem Team, dem Audi Sport Team Phoenix, versuchen darf. Die Ingolstädter bringen mit Rahel Frey, Filipe Albuquerque und Edoardo Mortara gleich drei Neulinge an den Start.

DTM 2011 – AUDI VOR DER SAISON

FAHRER & AUTOS

1 Acht Männer und eine Frau: der Titel soll zurück nach Ingolstadt

2 Timo Scheider möchte nach einer schwachen Vorsaison an seine Meisterjahre 2008 und 2009 anknüpfen

3 Alles hört bei Audi auf sein Kommando: Motorsportchef Dr. Wolfgang Ullrich

4 Martin Tomczyk (links) und Mike Rockenfeller tauschen die Cockpits bei Abt Sportsline und Phoenix Racing

5 Audi-Neuzugang Rahel Frey ist bei den DTM-Fans gleich gefragt

04 Timo **Scheider** (D)
AUTO TEST Audi A4 DTM (2009) · Abt Sportsline GmbH

05 Oliver **Jarvis** (GB)
Audi Sport performance cars A4 DTM (2009) · Abt Sportsline GmbH

08 Mattias **Ekström** (S)
Red Bull Audi A4 DTM (2009) · Abt Sportsline GmbH

09 Mike **Rockenfeller** (D)
E-POSTBRIEF Audi A4 DTM (2009) · Abt Sportsline GmbH

14 Martin **Tomczyk** (D)
Schaeffler Audi A4 DTM (2008) · Phoenix Racing GmbH

15 Rahel **Frey** (CH)
Glamour Audi A4 DTM (2008) · Phoenix Racing GmbH

18 Filipe **Albuquerque** (P)
TV Movie Audi A4 DTM (2008) · Team Rosberg GmbH

19 Edoardo **Mortara** (I)
Playboy Audi A4 DTM (2008) · Team Rosberg GmbH

22 Miguel **Molina** (E)
Red Bull Audi A4 DTM (2008) · Abt Sportsline GmbH

MERCEDES-BENZ VOR DER SAISON
Lückenfüller

Er wollte gehen, er ist gegangen. Am Ende mit dem Pokal für den Champion in der Hand. Paul Di Resta. Die Nummer eins fehlt – auch bei den Startnummern.

Die schwierige Aufgabe für die neun Mercedes-Fahrer im Jahr 2011: die Lücke, die der abgewanderte Schotte hinterlässt, zu füllen. In erster Linie erwartet von Gary Paffett, Champion 2005, und Bruno Spengler, zweimaliger „Vize" und „Champion der Herzen" 2010. Jamie Green werden Außenseiterchancen eingeräumt. Von Ralf Schumacher wird der Durchbruch verlangt – von Maro Engel und David Coulthard zumindest erhofft. Überraschungspotenzial birgt Susie Stoddart in sich. Die Neulinge Christian Vietoris und Renger van der Zande stehen unter Welpenschutz. Bei Titelgewinn gibt's Jubiläums-Schampus. Es wäre der zehnte in der 21. DTM-Saison mit werksseitigem Engagement.

DTM 2011 – MERCEDES-BENZ VOR DER SAISON

1 Schick in Schale: die Mercedes-Truppe vor dem Kurhaus in Wiesbaden

2 Dank David Coulthard (vorn) und Ralf Schumacher weht ein Hauch von Formel 1 durch die DTM

3 Bruno Spengler nimmt seinen x-ten Anlauf auf den DTM-Titel

4 DTM-Dauerbrenner: Mercedes-Motorsportchef Norbert Haug

5 Auch Gary Paffett ist ein Titelkandidat

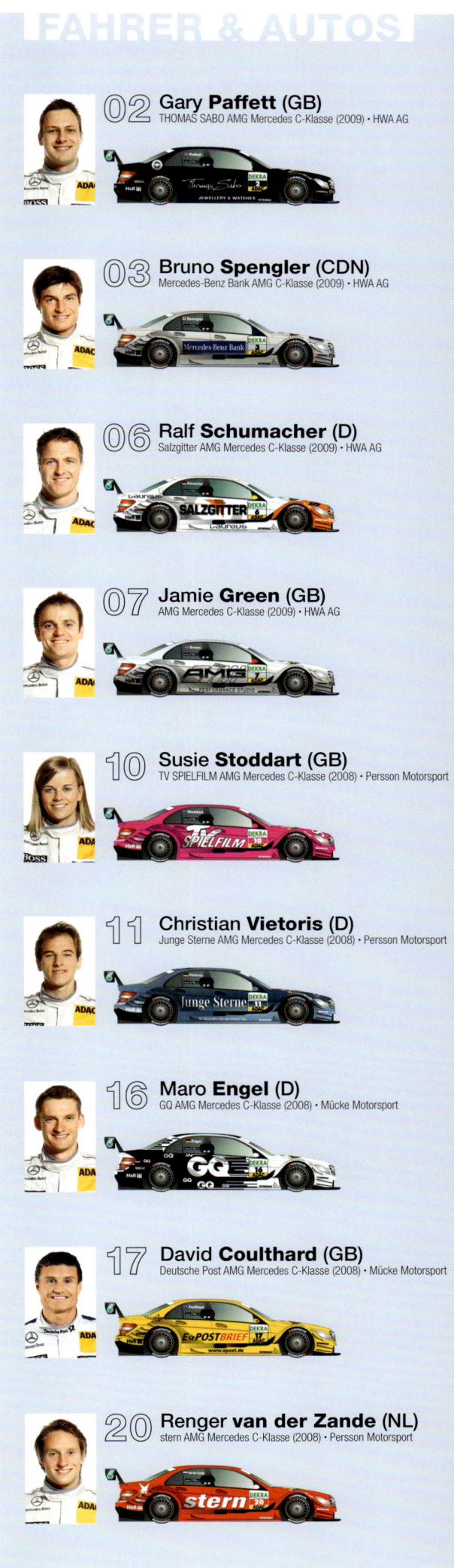

FAHRER & AUTOS

02 Gary Paffett (GB)
THOMAS SABO AMG Mercedes C-Klasse (2009) • HWA AG

03 Bruno Spengler (CDN)
Mercedes-Benz Bank AMG C-Klasse (2009) • HWA AG

06 Ralf Schumacher (D)
Salzgitter AMG Mercedes C-Klasse (2009) • HWA AG

07 Jamie Green (GB)
AMG Mercedes C-Klasse (2009) • HWA AG

10 Susie Stoddart (GB)
TV SPIELFILM AMG Mercedes C-Klasse (2008) • Persson Motorsport

11 Christian Vietoris (D)
Junge Sterne AMG Mercedes C-Klasse (2008) • Persson Motorsport

16 Maro Engel (D)
GQ AMG Mercedes C-Klasse (2008) • Mücke Motorsport

17 David Coulthard (GB)
Deutsche Post AMG Mercedes C-Klasse (2008) • Mücke Motorsport

20 Renger van der Zande (NL)
stern AMG Mercedes C-Klasse (2008) • Persson Motorsport

SAISONVERLAUF
Der Traum des Martin Tomczyk

Man hat es ihm nicht zugetraut, man hat es seinem Team Phoenix nicht zugetraut, man hat es einem 2008er-Auto nicht zugetraut. Man wurde eines Besseren belehrt: Martin Tomczyk feiert im letzten Jahr des Markenduells zwischen Audi und Mercedes-Benz seinen ersten DTM-Titel

Beide Hersteller, alle sechs Teams, alle 18 Fahrerinnen und Fahrer wissen vor der Saison: Dieses Jahr wird das letzte der „neuen DTM" – so wird die Serie seit dem Comeback im Jahr 2000 gern genannt – sein. Denn kommende Saison startet die neue „neue DTM". Verwirrend? Eigentlich ganz einfach: Seit geraumer Zeit steht fest, dass die Hersteller nach drei Jahren des Verbots der technischen Weiterentwicklung für 2012 neue Autos bauen dürfen. Seit vergangenem Jahr ist fix, dass BMW als dritter Hersteller dabei sein wird. Wie geht man so eine Saison vor dem Umbruch an? Mit halber Kraft? Mit weniger Konzentration, weil 2012 die Schatten vorauswirft? Nein, die DTM-Saison 2011 wird eine Saison wie jede andere auch sein: mit Siegern, Verlierern, Racing, Show, Gewohntem und Überraschendem. Etwas überraschender als sonst vielleicht.

Tomczyk von Abt zu Phoenix – ein Segen

Die Autos: altbekannt. Audi A4 DTM auf der einen, AMG Mercedes C-Klasse auf der anderen Seite. Reglementbedingt kommen Modelle der Jahre 2008 und 2009 zum Einsatz. Die Streckenauswahl: relativ ähnlich. Die Anzahl der Wertungsläufe wird von elf auf zehn reduziert. Auf Wiedersehen, Schanghai und Adria, willkommen, Spielberg, willkommen zurück, Hockenheim als Saisonfinale. Das Halbzeit-Show-Event im Münchener Olympiastadion sorgt zusätzlich für Vorfreude.

Die Fahrer: fünf Abgänge, fünf Zugänge. Prominentester Verlust ist der 2010er-Champion Paul Di Resta, der ein Stamm-Cockpit in der Formel 1 ergattert hat. Neu dabei sind Filipe Albuquerque, Rahel Frey, Edoardo Mortara (alle Audi) sowie Christian

[1] Meisterfreuden: Martin Tomczyk feiert mit den Mitgliedern des Teams Phoenix

[2] Stark, aber nicht stark genug: Bruno Spengler verpasst trotz guter Saison zum wiederholten Male den DTM-Titel

DTM 2011 – SAISONVERLAUF

3 Auch zwei Gewinner der Saison: „Champion der zweiten Saisonhälfte" Mattias Ekström (links) und Rookie Edoardo Mortara

4 In seiner vierten DTM-Saison erreicht Ralf Schumacher den angepeilten Podestplatz. Und dann gleich zwei Mal

Vietoris und Renger van der Zande (beide Mercedes-Benz).

In der ersten Saisonhälfte fährt der Vorjahresdritte Bruno Spengler in einer eigenen Liga – zumindest, was die Zeittrainings angeht. Vier Pole-Positions bei fünf Veranstaltungen. Außergewöhnlich. In den Rennen punktet er ordentlich. Dass der Meisterschaftskampf nicht schon praktisch zur Saisonhalbzeit entschieden ist, liegt an Martin Tomczyk, dem der Tapeten-, weil Teamwechsel von Abt Sportsline zu Phoenix Racing neuen Mut zu geben scheint. Wie Spengler mit zwei Siegen im Gepäck, hält er in seinem ein Jahr älteren, dafür aber auch 25 Kilogramm leichteren Audi A4 DTM dagegen. Es steht 39 : 36 Punkte für Spengler. Timo Scheider beeindruckt mit konstanten Punkteergebnissen, Ralf Schumacher mit seinen zwei ersten Podestresultaten und Mike Rockenfeller – der, den Tomczyk im 2008er-Phoenix-Cockpit beerbte – mit seinem ersten DTM-Sieg. So weit die Highlights aus Durchgang eins.

Die Rückrunde steht ganz im Zeichen von Mattias Ekström. Der zweimalige Champion hatte die Hinrunde für seine Verhältnisse völlig verbockt: fünf Rennen, elf Punkte, Gesamtrang sieben. Zu wenig. Dann zündet „Eki" den Nachbrenner. Aus den Rennen sechs bis zehn holt er drei Siege und einen zweiten Rang. Schade für ihn, dass der Rückstand auf Markenkollege Tomczyk schon viel zu groß war, als dass er noch in den Titelkampf hätte eingreifen können. Am Ende wird es immerhin noch der zweite Gesamtrang.

Ganz vorn in der Tabelle geht das Duell Spengler versus Tomczyk weiter. 47 : 40 nach Rennen sechs, 49 : 50 nach Rennen sieben. Tomczyk in Führung. Die Vorentscheidung fällt beim Rennen des Jahres in Oschersleben. Im dichten Regen gelingt Tomczyk eine furiose Aufholjagd von Startplatz 14 bis auf Rang zwei, während Spengler auf Siegkurs einen technischen Defekt erleidet. Nach Valencia bringt Tomczyk einen Matchball von neun Punkten Vorsprung mit. Und er nutzt ihn souverän: Rang drei – siebter Podestplatz im neunten Rennen. Spengler wird nur Siebter im Rennen und Dritter der Gesamtabrechnung. Der überraschendste Titelgewinn der „neuen DTM" ist perfekt, Tomczyks Traum erfüllt.

Die Siegerehren beim Finale in Hockenheim gebühren Jamie Green. Ein dritter Überflieger kommt ebenfalls aus dem Audi-Lager: Serienneuling Edoardo Mortara klettert in Brands Hatch und Oschersleben auf das Podium und wird als bester Neuling 2011 für die „Best Performance" ausgezeichnet.

Bruno Spengler startet in die Saison wie ein 100-Meter-Sprinter. Am Ende fehlt die Puste

Und so geht sie zu Ende – die sechsjährige DTM-Ära des Hersteller-Duells zwischen Audi und Mercedes-Benz. In der kommenden Saison startet eine neue. Mit BMW als der lang ersehnten dritten Marke. Mit neuen Teams, mit neuen Fahrern. Und nicht zu guter Letzt: mit neuen Autos. Audi A5 DTM, BMW M3 DTM und DTM AMG Mercedes C-Coupé heißen sie und werden während der Saison 2011 präsentiert. Es sind echte Leckerbissen. Vor allen Dingen optisch: breiter, flacher und damit spektakulärer. Die Fans, die beim Saisonfinale in Hockenheim live vor Ort sind, können das bestätigen. Die Ooohs und Aaahs bei den Demorunden vor den voll besetzten Tribünen sind nicht zu überhören.

01 HOCKENHEIM

01 HOCKENHEIM
Hui, pfui, hui, hui

Bruno Spengler erlebt am ersten DTM-Wochenende 2011 ein Wechselbad der Gefühle. Nach Bestzeit und Roter Laterne in den Trainingssitzungen holt der Mercedes-Pilot die Pole-Position und den Sieg im Rennen. Die Audi-Piloten sorgen für ein ausgeglichenes Kräfteverhältnis in Hockenheim

1 25. Saison und die DTM zieht immer noch massig Zuschauer an. Die Tribünen am Hockenheimring sind gut gefüllt

2 Der zur Formel 1 abgewanderte DTM-Champion 2010, Paul Di Resta, besucht seine alte Wirkungsstätte

3 Schau mal da – ein DTM-Auto. Fans begutachten die Fahrkünste von DTM-Neuling Filipe Albuquerque

4 Tür an Tür mit Tomczyk: Maro Engel (rechts) wagt von Startplatz sieben einen Angriff auf den vor ihm gestarteten Martin Tomczyk. Der Audi-Pilot behält die Nase vorn

5 Im Laufschritt marsch, marsch: Mitarbeiter von Audi Sport bringen sich vor dem Platzregen im ersten Freien Training in Sicherheit

RENNBERICHT

Spengler siegt – Schumacher irgendwie auch

In Sachen Technik hat sich in der DTM nichts geändert. 16 Fahrer und zwei Fahrerinnen sind auch 2011 immer noch mit den Modellen Audi A4 DTM und AMG Mercedes C-Klasse der Jahrgänge 2009 und 2008 unterwegs. Dem Entwicklungsstopp aus der Saison 2009 sei Dank. Die Namen des Teilnehmerfeldes wurden hingegen ordentlich durcheinandergewirbelt. Die DTM heißt beim Saisonauftakt in Hockenheim willkommen: Filipe Albuquerque, Rahel Frey und Edoardo Mortara (alle Audi) sowie Christian Vietoris und Renger van der Zande (beide Mercedes-Benz). Verabschiedet werden bei Audi Katherine Legge, Alexandre Prémat und Markus Winkelhock, bei Mercedes CongFu Cheng sowie kein Geringerer als der DTM-Champion Paul Di Resta, den es in die Formel 1 zieht.

Fünf Neulinge also. Aber das Zepter schwingen beim ersten von zehn Wertungsläufen immer noch die „Alten". Im Qualifying beweist der Pechvogel des Saisonfinales von 2010, Bruno Spengler, gute Frühform: Pole-Position. Und das, nachdem der Mercedes-Pilot wegen eines defekten Splitters an seinem Auto praktisch das komplette zweite Freie Training aussetzen muss. Audi-Veteran Mattias Ekström auf Startplatz zwei: keine Überraschung. Aber dann: Ralf Schumacher auf P3. Damit war nicht zu rechnen. Nach der Pole-Position am Norisring 2010 die zweitbeste DTM-Quali-Leistung des Mercedes-Stars. Timo Scheider gestaltet mit Startplatz vier ein ausgeglichenes Hersteller-Duell zwischen Audi und Mercedes. Christian Vietoris ist auf Rang neun bester Debütant. Ganz hinten in der Aufstellung: Gary Paffett. Der Gesamtzweite des Vorjahres strandet mit seiner C-Klasse im ersten Abschnitt des viergeteilten Zeittrainings im Kiesbett.

Das Rennen bringt gerade in der Spitzengruppe keine Positionsverschiebungen mit sich. Spengler absolviert seinen ersten Pflichtboxenstopp gleichzeitig mit seinen direkten Konkurrenten, seinen zweiten als Letzter der Top Vier und führt das Rennen dadurch alle 38 Runden an. Ein lupenreiner Start-Ziel-Sieg mit einem Puffer von komfortablen 3,7 Sekunden auf den Zweiten Mattias Ekström. Ralf Schumacher feiert mit Rang drei im 33. Rennen das beste Resultat seiner DTM-Karriere. Die spritzigen Champagner-Spiele auf dem Podium genießt er sichtlich. Auf vier gestartet, auf vier im Ziel: der zweimalige Champion Timo Scheider. Martin Tomczyk macht einen Rang gut und landet als bester Fahrer eines 2008er-Modells auf Rang fünf. Satte zwölf Plätze holt Gary Paffett auf. Von P18 geht's auf P6 vor. Die letzten Punkte holen sich Mercedes-Fahrer Maro Engel und Audi-Youngster Miguel Molina. Die fünf Neulinge gehen ebenso leer aus wie Mike Rockenfeller. Der Audi-interne Aufsteiger von Phoenix Racing zu Abt Sportsline befindet sich während einer Safety-Car-Phase, die durch eine hängengebliebene Tankkanne an Martin Tomczyks Auto verursacht wird, in der Boxengasse und muss quälend lange Sekunden an der roten Ampel warten. Nur Rang elf.

Mattias Ekström (links) und Bruno Spengler biegen Seite an Seite in die erste Hockenheim-Kurve ein

BERG-UND-TAL-FAHRT

Erstes Freies Training: Bruno Spengler auf Platz eins. Keine Überraschung. Zweites Freies Training: Bruno Spengler auf dem letzten Rang. Huch, was ist denn da passiert? Ein Splitter an der C-Klasse des Kanadiers macht Probleme. Spengler fährt sechs Installationsrunden und jeweils gleich wieder zurück zu seinem Team an die Box. Nach 90 Trainingsminuten taucht keine gezeitete Runde von ihm im Ergebnis auf. Sollte sich seine Pechsträhne vom Saisonende 2010, als er als Tabellenführer den Titel verspielte, gleich beim Saisonstart 2011 fortsetzen? Nein. Spenglers HWA-Team bekommt das Auto zum Qualifying in den Griff. Und wie: Startplatz eins. Im Rennen setzt er noch einen drauf und feiert seinen siebten DTM-Sieg – den ersten bei einem Hockenheim-Auftaktrennen. Pole-Position, Sieg, schnellste Rennrunde und Tabellenspitze. Spenglers treffende Analyse: „Was für ein Saisonstart."

Auf „Eki" ist Verlass

Hockenheim-Auftakt anno 2010. Mercedes-Benz lässt Konkurrent Audi im Duell der beiden DTM-Hersteller keine Chance: Vierfach-Sieg mit Gary Paffett an der Spitze. Als neutraler Beobachter der Serie erinnert man sich mit Schrecken an diese Dominanz und befürchtet ein ähnliches Szenario 2011. Die Sorge ist umsonst. Das Kräfteverhältnis hält sich in etwa die Waage. In erster Linie dank Audi-Dauerbrenner Mattias Ekström. Der Schwede ist wie bei fast allen seiner zehn DTM-Auftaktrennen zwischen 2001 und 2010 gleich in Top-Form. Einmal nicht zum Start angetreten (2001), ein Ausfall (2006), ansonsten die Ränge 2, 8, 3, 5, 1, 1, 7, 6 und – 2011 Platz zwei. Mattias Ekström gehört sofort wieder zum Kreis der Titelaspiranten.

Glückszahl

Im 33. Rennen Startplatz drei und Rang drei im Rennen. Ralf Schumachers neue Lieblingszahl – zumindest seine DTM-Karriere betreffend – dürfte ab sofort die Drei sein. In Hockenheim schafft er seinen langersehnten Podestplatz. „Das hatte ich mir vor der Saison zum Ziel gesetzt", so „Schumi II" selbstbewusst. Balsam auf die Wunden, die Schumacher zweifelsohne in seinen drei ersten Jahren als DTM-Fahrer erlitten hat. In seinem Debütjahr 2008 wird ihm bei Mücke Motorsport wie jedem Rookie eine Schonfrist eingeräumt. Er sammelt drei Punkte – ausbaufähig. Zur Saison 2009 der Aufstieg ins Mercedes-Nummer-eins-Team HWA. Der Druck steigt. Top-Resultate sind praktisch schon ein Muss. Mit neun Punkten hechelt Schumacher seinen Teamkollegen Bruno Spengler, Gary Paffett und Paul Di Resta weit hinterher. 2010 noch ein Jahr bei HWA. Der Durchbruch wird erwartet, erfolgt aber nicht. Drei magere Pünktchen – großer Rückschritt. Norbert Haug beweist Geduld und setzt ihn 2011 erneut in ein HWA-Auto. Der Dank folgt gleich beim ersten Rennen.

Feuertaufe BESTANDEN

Die Aufgabe war denkbar schwierig: Er sollte auf allen Rennstrecken gleichermaßen funktionieren, er sollte den Autos beider Hersteller liegen, die Fahrer sollten sich mit ihm einfach wohlfühlen. Sowohl die Trocken- als auch die Regen-Variante. Die Rede ist vom Pneu des neuen DTM-Serienpartners und exklusiven Reifenzulieferers Hankook. Die Koreaner lösten vor dieser Saison Dunlop nach zehn Jahren Partnerschaft mit der DTM ab. Ein verantwortungsvolles Erbe, das Hankook annahm. Die Fahrer sind in Hockenheim voll des Lobes für den „Hankook Ventus". So heißt das Modell. „Ich hatte auf Anhieb ein gutes Gefühl mit den Reifen", so Audi-Fahrer Mike Rockenfeller nach dem zweiten Freien Training. Mercedes-Mann Bruno Spengler stimmt zu: „Ich habe einen super Eindruck von den neuen Reifen bekommen, da wir zunächst auf Regenreifen und später auf Slicks fuhren. Gerade im Nassen waren die Reifen sehr konstant." Auch Oliver Jarvis, der mit Startplatz zwölf und Rang neun im Rennen nicht gerade ein Traumwochenende erwischt, findet ein gutes Wort für das neue „schwarze Gold": „Hankook hat einen guten Job gemacht, aber ich muss die Reifen noch etwas besser verstehen."

01 HOCKENHEIM

1 Erntet die bewundernden Blicke der Damenwelt: Top-Männermodel Marcus Schenkenberg auf Stippvisite in Hockenheim

2 Auch 2011 sorgt die ARD mit ihrer Chartshow bei vielen Rennen für die musikalische Unterhaltung

3 Schneller als die Post erlaubt: David Coulthard jagt Mike Rockenfeller

4 Men at work: Fotografen auf der Suche nach dem „goldenen Schuss"

RACE FACTS

Die DTM 2011 startet ohne Champion Paul Di Resta +++ Fünf Neulinge dabei +++ Mike Rockenfeller und Timo Scheider in den Freien Trainings vorn +++ Erstes Qualifying-Segment nach Gary Paffetts Ausrutscher ins Kiesbett abgebrochen. Alle Piloten rücken ins dritte Segment vor +++ Bruno Spengler feiert seine siebte DTM-Pole-Position +++ Paffett nur auf Startplatz 18 +++ Susie Stoddart erhält im Rennen eine Durchfahrtsstrafe wegen Frühstarts +++ Christian Vietoris erhält eine Durchfahrtsstrafe wegen vermeidbarer Kollision mit Filipe Albuquerque +++ 25. Runde: Safety-Car-Phase, weil an Martin Tomczyks Audi die Tankkanne hängen bleibt +++ Renger van der Zande gibt das Rennen nach 30 Runden infolge einer Kollision mit David Coulthard auf +++ Albuquerque erhält eine Durchfahrtsstrafe wegen Missachtens der roten Ampel in der Boxengasse +++ Siebter DTM-Sieg und schnellste Rennrunde für Spengler +++ Podestplatz für Ralf Schumacher – bestes Resultat seiner DTM-Karriere +++ Paffetts grandiose Aufholjagd: von P18 auf P6

02 ZANDVOORT
Abteilung Attacke

Von Startplatz drei zum ersten DTM-Sieg. Der „ewige Jahreswagen-Fahrer" Mike Rockenfeller lässt keinen Zweifel daran aufkommen, dass seine Audi-interne Beförderung von Phoenix Racing zu Abt Sportsline eine gute Entscheidung war. Auch Bruno Spengler und Martin Tomczyk jubeln

RENNBERICHT

Spengler überhört den Sieg – „Rocky" staubt ab

In den vergangenen beiden Jahren war Zandvoort in der Hand von Gary Paffett. Zwei Mal von Startplatz zwei bis zum Sieg ins Ziel gerauscht. Schafft der Brite ein drittes Mal den Sieg in den niederländischen Dünen? Nein, Gary Paffett ist bei diesem Report außenvor. Rang neun, keine Punkte, Enttäuschung.

Für die Schlagzeilen sorgen andere Piloten. Im Zeittraining stellt Bruno Spengler erneut seine exquisiten Qualitäten im Kampf gegen die Uhr unter Beweis. Zweite Pole-Position in Folge. HWA-Rückkehrer Jamie Green fährt zum ersten Mal seit 2008 wieder in die erste Startreihe. Nach einem verpatzten Saisonauftakt in Hockenheim deutet Mike Rockenfeller mit Startplatz drei an, dass seine Beförderung von Phoenix Racing zu Abt Sportsline ein lohnenswerter Schritt gewesen sein könnte. Neben ihm: sein Vorgänger bei Abt und Nachfolger bei Phoenix, Martin Tomczyk. Der Tausch hat anscheinend beiden Akteuren neuen Schwung verliehen.

Direkt nach dem Start für das Rennen über 41 Runden schnappt sich Mike Rockenfeller Jamie Green. Bruno Spengler bleibt vorn und fährt 1,4 Sekunden Vorsprung auf Rockenfeller heraus. Runde elf: Das Fenster für die zwei zu absolvierenden Pflichtboxenstopps öffnet sich. Als erster aller Teilnehmer bei seiner Crew: Mike Rockenfeller. Vier neue Reifen, nachtanken und weiter. Keine Probleme. In Runde zwölf ruft die HWA-Mannschaft ihren Schützling Spengler herein. Doch der hört nichts. Die Funkverbindung ist unterbrochen. Während Rockenfeller auf neuen Reifen schnelle Runden dreht, muss Spengler unfreiwillig auf gebrauchten Reifen noch einen Umlauf auf der Strecke bleiben. In Runde 13 dann sein Stopp. Der ist sogar schneller als der von Rockenfeller – doch der Funk-Fauxpas kostet Spengler einen Platz. Er kommt hinter Rockenfeller wieder auf die Strecke. Die Vorentscheidung im Rennen. Nachdem alle Fahrer ihre beiden Stopps abgeleistet haben und das Feld wieder sortiert ist, führt Rockenfeller immer noch. Bis ins Ziel fährt er 1,4 Sekunden auf Spengler heraus. Erster DTM-Sieg im 44. Rennen. Spengler tröstet sich mit der verteidigten Tabellenführung und einem satten Vorsprung von acht Punkten mehr als adäquat.

Im Kampf um den dritten Platz ist zunächst Martin Tomczyk gegenüber Jamie Green im Nachteil. In der Schlussphase dreht er in seinem 2008er-A4-DTM aber immer schnellere Runden. So werden die Zuschauer an der Nordseeküste in Runde 34 Zeuge einer der wenigen Überholaktionen des Rennens. Mit einem sauberen Ausbremsmanöver geht Tomczyk in der „Tarzan-Bocht" an Green vorbei. Das reicht: erster Podestplatz seit Barcelona 2009.

Der zweimalige DTM-Champion Timo Scheider verbessert sich von Startplatz sechs auf Rang fünf

1 Auch im Hinterfeld wird hart gekämpft: Miguel Molina (vorn) gegen Ralf Schumacher

2 So weit weg? Mattias Ekström lotet vom ungewohnten 16. Startplatz seine Siegchance aus

3 Mercedes-Star David Coulthard lässt sich seine gute Laune trotz verpatzten Saisonstarts nicht nehmen

02 ZANDVOORT

4 Audi-Motorsportchef Dr. Wolfgang Ullrich sieht eine ausgeglichene Saison der beiden DTM-Hersteller

5 Hat allen Grund, cool dreinzuschauen: Martin Tomczyk fährt nach langer Durststrecke wieder auf ein DTM-Podest

6 Das ist Zandvoort-Idylle: Die Fans machen es sich auf einer „Naturtribüne" bequem

FIRST OF FIVE

Als erster Fahrer überhaupt den Titel beim prestigeträchtigen Formel-3-Rennen in Macau verteidigt. Im gleichen Jahr Champion in der Formel 3 Euro Serie. Das waren Referenzen, die Audi-Motorsportchef Dr. Wolfgang Ullrich nicht übersehen konnte. Logisch, dass er den Überflieger 2010 bei Volkswagen Motorsport, Edoardo Mortara, zur Testfahrt einlud. Der geborene Schweizer mit den italienischen und französischen Staatsbürgerschaften überzeugte. Am 22. Februar 2011 verkündete Audi seinen Fahrerkader. Mortara war dabei. Nach einem ordentlichen Einstand mit Startplatz zehn und Rang 14 in Hockenheim verzeichnet „Edo" schon in Zandvoort Zählbares. Von Startplatz sieben aus behält der Rosberg-Pilot in seinem 2008er-A4 DTM die Nerven und sieht das Ziel als Sechster. Damit ist Mortara der erste der fünf Neulinge, der 2011 DTM-Punkte sammelt.

Gut Ding will Weile haben

Oschersleben 2007. Startplatz zwei und Rang drei im Rennen. Und das bei seinem zweiten DTM-Auftritt. Mit 24 Jahren. In einem auf dem Papier unterlegenen Jahreswagen des Audi Sport Team Rosberg. Mit diesem großen Knall setzt Mike Rockenfeller seine erste Duftnote in der DTM. Im Sport gerät man ob solch famoser Leistungen immer schnell in Verzückung und erwartet fortan Wunderdinge vom Athleten. „Rocky" fährt noch zwei Mal in die Punkte und schließt sein Debüt-Jahr mehr als im Soll ab. 2008 und 2009 wieder Rosberg, wieder Jahreswagen – keine Steigerung der Resultate. Aber 2010: wieder Jahreswagen, dieses Mal jedoch im Audi Sport Team Phoenix. Bereits nach den ersten drei Rennen verbessert Rockenfeller seinen Gesamtpunkte-Bestwert von 2007. Und 2011? Audi-Motorsportchef Dr. Wolfgang Ullrich gibt Rockenfeller die Chance, sich in aktuellem Material von Abt Sportsline zu beweisen. Dafür muss Martin Tomczyk weichen und wechselt zu Phoenix. Rockenfellers Knoten platzt in Zandvoort. Erster Sieg im 44. Rennen. Klingt spät. Klar, manche Fahrer feierten ihren ersten Triumph früher, aber im Gegensatz zum zweimaligen Champion Timo Scheider, der erst im 79. Rennen in den Genuss kam, ist Rockenfeller ein echter Frühsieger.

Wachsen ihm endlich Flügel?

Er ist einer der höflichsten und eloquentesten Piloten der DTM. Einfach ein angenehmer Typ, dieser Maro Engel. Auskunftsfreudig beim Fernsehen, stets gut gelaunt bei Interviews. Nur leider zählt das nichts im Motorsport. Zumindest nicht allzu viel. Es geht um Leistung, Punkte, Titel. Nach seiner Rookie-Saison 2008 bringt Engel im Folgejahr Leistung. Vier Punkteresultate im Jahreswagen von Mücke Motorsport. Immerhin. 2010 wieder ein Schritt zurück. Nur drei Zählerchen insgesamt. Er ist Wackelkandidat bei der Cockpit-Vergabe für 2011. Doch Mercedes-Benz-Motorsportchef Norbert Haug vertraut auf das Talent des Wahl-Monegassen. Viertes DTM-Jahr, viertes Jahr bei Mücke. Und Engel bestätigt das Vertrauen: Rang acht in Hockenheim und Rang sieben hier in Zandvoort. Sollte 2011 das Jahr des Maro Engel werden?

Der Auf- und Ab- und Wiederaufsteiger

Es gibt im deutschen Fußball den Begriff einer Fahrstuhlmannschaft. Das ist ein Team, das permanent zwischen zwei Spielklassen wandelt. Im einen Jahr die bessere Liga, im nächsten wieder eine Liga tiefer, eine Saison darauf wieder höher – und dann wieder runter. Rauf, runter. Fahrstuhl eben. Dieses Bild passt auf den Karriereverlauf von Jamie Green in der DTM. Er debütiert 2005 bei Mercedes-Benz klassisch in einem Team der zweiten Reihe. Bei Persson Motorsport. Dank guter Leistungen steigt er 2006 ins Erste-Klasse-Team HWA auf. Innerhalb dreier Saisons fährt er immer in der Spitzengruppe mit, sammelt vier Siege. Dann der Abstieg zurück zu Persson. Nicht unbedingt wegen mangelnder Ergebnisse, sondern eher wegen seines Markenkollegen Ralf Schumacher, dem Norbert Haug das HWA-Cockpit ermöglicht. Green punktet fleißig weiter, gewinnt 2009 und 2010 sogar in einem Auto der älteren Generation am Norisring. Zum dritten Mal in Folge. DTM-Rekord.

Da Champion Paul Di Resta in die Formel 1 wechselt, ist 2011 bei HWA wieder ein Cockpit frei. Das bekommt Green. Wiederaufstieg. In Zandvoort fährt er sein bestes Qualifying seit 2008: Startplatz zwei. Im Rennen muss er Mike Rockenfeller und Martin Tomczyk passieren lassen.

02 ZANDVOORT

1 An sein zweites Rennen wird DTM-Debütant Filipe Albuquerque nicht gern zurückdenken. Nach gutem Startplatz zehn folgen Ausritt durchs Kiesbett (Foto oben) und Aufgabe wegen Kühlerschadens. Da kann man schon mal schlechte Laune bekommen (Foto unten)

2 Sperrzone: Im Parc Fermé darf an den Autos nicht mehr gearbeitet werden

RACE FACTS

Heimspiel für DTM-Neuling Renger van der Zande +++ Audi beherrscht die Freien Trainings mit zwölf von 16 Top-Acht-Plätzen +++ Bruno Spengler holt seine neunte DTM-Pole – die zweite in Folge +++ Startplatz 16 bedeutet für Ekström das schlechteste Quali-Ergebnis seit dem Nürburgring 2002 +++ Kühlerschaden und Rennende für Filipe Albuquerque nach 13 Runden +++ Mike Rockenfeller feiert seinen ersten DTM-Sieg und fährt die schnellste Rennrunde +++ Martin Tomczyk zum ersten Mal seit 2009 auf dem Podium +++ Erste DTM-Punkte für Edoardo Mortara

Rankommen – drankommen.
Ohne Voranmeldung: Hauptuntersuchung bei DEKRA.

Kompetent, flexibel und unbürokratisch:

> Einfach vorfahren, wenn Sie Zeit haben
> Know-how von Europas Fahrzeug-Prüfdienstleister Nr. 1
> Klärung selbst spezieller Fragen

DEKRA ist offizieller technischer Partner der DTM.

Den nächstgelegenen DEKRA Standort finden Sie unter:
www.dekra-vor-ort.de
oder unter der
Service-Hotline: 01805.2099*

Automotive — Industrial — Personnel

www.dekra.de

▷ **DEKRA**

DTM
Offizieller technischer Partner

* 14 Cent/Minute aus dem deutschen Festnetz, höchstens 42 Cent/Minute aus Mobilfunknetzen

03 SPIELBERG
Jetzt erst recht

Audi-intern heruntergestuft. Vom Abt-Piloten mit 2009er-Material zum Phoenix-Fahrer mit 2008er-Auto. Aber das stört doch einen Martin Tomczyk nicht. Er trotzt allen Kritikern und siegt beim DTM-Comeback des österreichischen Red Bull Rings

03 SPIELBERG

1 Insgesamt 48.000 Zuschauer verfolgen das Comeback auf den Rängen und hinter den Zäunen

2 Rutschpartie: Der zweite Durchgang des Zeittrainings wird wegen zu viel Wasser auf der Strecke abgebrochen

3 Grid-Girls mal ganz züchtig und zünftig

RENNBERICHT

Überraschungs-Podest mit Tomczyk, Schumacher, Jarvis

Das Wochenende in Spielberg beginnt entgegen den sonstigen Veranstaltungen einen Tag früher, am Donnerstag. Die DTM-Dachorganisation ITR hat alle Fahrerinnen und Fahrer zu einem offiziellen Testtag eingeladen: sich mit der Strecke vertraut machen, Set-up finden, Reifen testen. Außerdem haben 14 der 18 Teilnehmer einen Erfahrungsrückstand aufzuholen. Denn Gary Paffett, Timo Scheider, Mattias Ekström und Martin Tomczyk waren allesamt mindestens bei einem der drei bisher in Spielberg ausgetragenen DTM-Rennen am Start. Zur Beruhigung der „Benachteiligten": Die Teilnahmen zwischen 2001 und 2003 verliefen ohne nennenswerte Erfolge.

Paffett, Scheider, Ekström? Nein, die Arrivierten der DTM sind es nicht, die sich im verregneten Spielberg-Qualifying um die vorderen Plätze in der Startaufstellung streiten. Für das letzte Zeittraining-Segment qualifizieren sich als Schnellste Rookie Edoardo Mortara, Saison-Überraschung Martin Tomczyk, der in Zandvoort enttäuschte Ralf Schumacher und der 2011 noch blass gebliebene Oliver Jarvis. In Q4 fährt jeder des Quartetts noch eine gezeitete Runde. Martin macht's. Für Tomczyk ist es die erste Pole-Position seit 2009. Außerdem ist er erst der zweite Pilot in der jüngeren DTM-Historie, der mit einem Auto älteren Jahrgangs Startplatz eins erobert. Für Mattias Ekström und Miguel Molina endet die Rutschpartie auf dem regennassen Red Bull Ring schon in Quali-Segment eins im Reifenstapel. Das Audi-Duo hat sich verpokert und auf Slick-Reifen gesetzt.

03 SPIELBERG

4 Dieser Ekström-Fan trägt das Auto seines Idols sogar auf dem Kopf

5 Vier, fünf, sieben. Timo Scheiders Formkurve zeigt in der Saison 2011 nach unten

Am Rennsonntag erstrahlt der Red Bull Ring in sattem Sonnenlicht. Optimales Rennwetter. Ebenfalls optimal: der Start von Pole-Mann Martin Tomczyk. Der „Audianer" zieht mit seinem gelb-grünen A4 DTM der Konkurrenz gnadenlos davon. Vor jeder Boxenstopp-Phase erarbeitet er sich einen ausreichenden Puffer, sodass sein erster DTM-Sieg seit dem Nürburgring-Rennen 2009 nie gefährdet ist.

Um die weiteren Podestplätze streiten sich Schumacher, der Jarvis in der Phase der ersten Boxenstopps überholt hat, Jarvis selbst und Bruno Spengler. Spengler? Ja, das HWA-Team hat dem pfeilschnellen Frankokanadier dank einer geschickten Boxenstopp-Strategie bis auf Rang vier nach vorn geholfen. Im Ziel fehlen ihm nur zwei Zehntelsekunden auf den Drittplatzierten Jarvis. Dennoch: Die Tabellenspitze ist erfolgreich verteidigt.

Eine kleine Randnotiz ist das Duell zwischen Maro Engel und Edoardo Mortara wert. Direkt nach dem Start berühren sich die beiden. Mortara dreht sich und wird ans Ende des Feldes durchgereicht. Engel hält seine Position.

Aber nur kurz. Die Rennleitung brummt ihm eine Durchfahrtsstrafe auf. Das Rennen ist für beide gelaufen. Fortsetzung folgt.

Dicht an dicht: Beim Spielberg-Comeback wird im Mittelfeld um jede Position gekämpft

TAPETENWECHSEL

Martin Tomczyk ist eines der viel zitierten Urgesteine in der DTM. Neben seinen Audi-Markenkollegen Timo Scheider und Mattias Ekström ist er der einzige Pilot, der bereits die Einhunderter-Marke in puncto DTM-Rennen geknackt hat. 103 Rennen fuhr er bei nur einem Team: Abt Sportsline. Immer als Teamkollege von Ekström. Mit Abt und „Eki" machte er gute und schlechte Zeiten durch. Zehn Jahre, die verbinden – aber vielleicht auch hemmen? Nach drei eher durchschnittlichen DTM-Saisons beschließt Audi-Motorsportchef Dr. Wolfgang Ullrich, dass Tomczyk das Team wechseln wird. Von Abt zu Phoenix Racing. Von einem 2009er-Auto in ein 2008er-Auto. Liest sich für den neutralen Beobachter auf dem Papier wie ein Rückschritt. Aber Frohnatur Tomczyk lässt überhaupt keine dunklen Gedanken aufziehen, sondern versteht diesen Tapetenwechsel als Chance, neu anzugreifen. Er blüht auf wie lange nicht mehr. 2008er- oder 2009er-Auto? Den Unterschied scheint es nicht zu geben. Der Kopf ist das Entscheidende. Und der ist wieder frei. Der Druck ist weg. Sieg in Spielberg. Tomczyks erster seit dem Nürburgring 2009.

Urteil: siegfähig

Hatten wir nicht eben noch über Ralf Schumachers bestes DTM-Resultat gejubelt? Das ist gerade mal einen Monat her. Beim Saisonauftakt, in seinem 33. Rennen, gelang dem drei Saisons lang glücklosen Zugpferd der DTM der lang ersehnte Podestplatz. Jeder gönnte ihm den Erfolg. Und nun scheint „Schumi II" auf den Geschmack gekommen zu sein. Zwei Rennen später der Beweis: Hockenheim war keine Eintagsfliege. Rang zwei in Österreich. Neue Bestmarke. Da kommt auch Mercedes-Benz-Motorsportchef Norbert Haug aus dem Staunen nicht heraus. Er sieht seinen Schützling sogar „mit siegfähigem Speed unterwegs". Das stimmt. Die Statistik belegt, dass Schumacher von den Piloten, die von den Rängen eins bis sieben ins Rennen gegangen sind, die schnellste Rennrunde gedreht hat. Und wer hätt's gedacht? Nach drei Rennen tummelt sich Schumacher in munterer Gesellschaft in der Spitzengruppe der Gesamtwertung.

Oliver, endlich

Die Vorschusslorbeeren waren enorm. Bereits in seinem zweiten DTM-Jahr stellte Oliver Jarvis einen Rekord auf: Pole-Position in einem Auto älteren Jahrgangs. Das war 2009 in Zandvoort. Es folgte der zweite Rang im Rennen. Zusammen mit seinem dritten Platz aus Hockenheim und weiteren starken Resultaten schloss der junge Brite die Saison mit 18 Punkten ab. Bester Pilot eines Audi-Jahreswagens. Der Lohn: der Aufstieg von Phoenix Racing zu Abt Sportsline. Jarvis beerbte Tom Kristensen, der seine DTM-Karriere beendete. Die Leichtigkeit war dahin. Kein Podest, wieder 18 Punkte. Schlechtester Abt-Fahrer in der Gesamtabrechnung. So verschieden können gleiche Statistiken sein. Man hielt 2011 bei Audi an Jarvis fest. Hockenheim: Rang neun – Mittelmaß. Zandvoort: Rang zehn – mau. Spielberg: Startplatz zwei – oho. Zweitbestes Quali-Resultat seiner DTM-Karriere. Im Rennen: Rang drei – aha. Er kann es ja doch noch. Erstes Top-Drei-Ergebnis seit besagtem Zandvoort 2009. Auch Jarvis selbst schien schon zu zweifeln: „Ich kann es kaum glauben – mein erstes Podium im Audi Sport Team Abt Sportsline."

Servus Spielberg

Sieben lange Jahre hatte Österreich keine Grand-Prix-Strecke. Sieben lange Jahre mussten die Bewohner der Steiermark ausharren, um wieder Motorsport auf höchstem Niveau bewundern zu dürfen.

Dann wurde der ehemalige Österreichring und ehemalige A1-Ring im Mai 2011 wiedereröffnet. Saniert und mit neuem Namen: Red Bull Ring. Der DTM wird die Ehre zuteil, den Kurs bei Spielberg als erste große Motorsport-Serie einzuweihen. Und die Zuschauerzahlen beweisen, wie sehr sich die Österreicher nach diesem Moment gesehnt haben. Der Rennsonntag ist ausverkauft. Der vierte Sieger in der Spielberg-Geschichte lautet Martin Tomczyk. Der vierte? Richtig. Schon von 2001 bis 2003 tauchte der A1-Ring im DTM-Kalender auf. Die Sieger hießen Bernd Schneider und zwei Mal Marcel Fässler.

Charmant: Die DTM-Piloten streifen auf dem neuen Red Bull Ring ländlich anmutende Immobilien

03 SPIELBERG

RACE FACTS

Comeback in Spielberg +++ Im ersten Freien Training sind mit Edoardo Mortara, Christian Vietoris und Filipe Albuquerque drei DTM-Neulinge vorn +++ Acht Audi-Fahrer im zweiten Freien Training vorn +++ Beim Zeittraining regnet es +++ Im ersten Quali-Abschnitt rutschen Miguel Molina und Mattias Ekström von der Strecke: P17 und P18 +++ Der zweite Durchgang wird wegen Aquaplaning-Gefahr nach zwei Minuten abgebrochen. Alle Fahrer rücken in Q3 auf +++ 16 Minuten später beginnt Abschnitt drei. Die verbliebenen neun Minuten aus Q2 werden addiert +++ Martin Tomczyk sichert sich seine achte DTM-Pole-Position +++ Dreher von Mortara in der ersten Kurve des Rennens +++ Rahel Frey erhält eine Durchfahrtsstrafe wegen Frühstarts +++ Maro Engel erhält eine Durchfahrtsstrafe wegen vermeidbarer Kollision mit Mortara +++ Mattias Ekström fährt nach einem Boxenstopp mit einem losen Reifen. Das Aus +++ Erster Boxenbesuch von Vietoris zählt nicht als Pflichtboxenstopp, weil seine Crew nicht die Reifen gewechselt hat +++ Tomczyk feiert seinen fünften DTM-Sieg +++ Platz zwei für Schumacher. Sein bestes DTM-Ergebnis +++ Oliver Jarvis zum ersten Mal auf dem Podest seit Zandvoort 2009

1 Beim DTM-Champion von 2005 läuft es in diesem Jahr noch gar nicht. Nur Rang acht für Gary Paffett in Österreich

2 Die beiden Motorsportchefs Dr. Wolfgang Ullrich (Audi, links) und Norbert Haug haben je einen Titelkandidaten in ihren Reihen

3 Im Unterhaltungsprogramm der DTM geben auch immer wieder Rennwagen aus anderen Serien Gas. Hier ein NASCAR-Bolide

Perfektes

Zusammenspiel

Ein Spitzenfahrer – ausgereiftes, hoch belastbares Material – optimale Abstimmung im Team.

Das perfekte Zusammenspiel von Mensch und Technik hat auch Schaeffler auf die Überholspur gebracht. Das gemeinsame unternehmerische Handeln und die hohe Innovationskraft unserer Produktmarken LuK, INA und FAG sichern den Erfolg.

Unsere Systemkompetenz für Automobile könnte Ihr Sieg sein. Setzen Sie auf uns!

Neugierig?
www.schaeffler.de

SCHAEFFLER
LuK INA FAG

04 LAUSITZRING

So sehen Sieger aus

Die DTM-Szene verfällt in ungläubiges Staunen. Der vor der Saison abgeschriebene Martin Tomczyk siegt nach seinem Triumph in Spielberg ein zweites Mal – und das in einem Auto älteren Jahrgangs. Ein Novum in der „neuen" DTM

04 LAUSITZRING

1 Duell der Generationen: Edoardo Mortara (24 Jahre, links) gegen David Coulthard (40)

2 25 Jahre im Amt: DTM-Chef Hans Werner Aufrecht (Mitte) freut sich über die Geschenke seiner Vorstands-Kollegen

3 Die Berliner Band „City" heizt den Fans in der Lausitz ein

RENNBERICHT

Der kühne Held Martin besiegt den Lausitz-Dämon

Auf keiner Rennstrecke des aktuellen Kalenders, den Norisring ausgenommen, sieht die Bilanz für Audi so trüb aus wie auf dem Lausitzring. In den elf Rennen seit 2001 – 2005 gastierte die DTM hier zwei Mal – gelang es lediglich Mattias Ekström, Siege für die Ingolstädter einzufahren. Audi-Motorsportchef Dr. Wolfgang Ullrich rechnet sich 2011 dennoch etwas aus: „Wir haben bei Testfahrten vor Saisonbeginn gesehen, dass wir mit dem neuen Reifenpartner Hankook am Lausitzring gut zurechtkommen – und auch, dass die älteren Autos dank des Gewichtsvorteils dort wieder stark sein werden. Ich hoffe, dass wir das insgesamt in ein gutes Ergebnis in der Lausitz umsetzen können."

Nach dem Zeittraining stehen die Vorzeichen noch nicht gut. Der König der Qualifyings, Bruno Spengler, sichert sich bereits seine dritte Pole-Position der Saison. Zweitschnellster im Kampf gegen die Uhr ist sein Markenkollege Jamie Green. Erst in der zweiten Reihe tauchen mit Mattias Ekström und Martin Tomczyk die ersten Audi-Piloten auf. Anerkennung verdient sich Tom Kristensen. Der Däne ersetzt in der Lausitz Mike Rockenfeller, der sich noch von seinem schweren Unfall beim 24-Stunden-Rennen von Le Mans erholt, und kommt auf Anhieb gut zurecht. Startplatz sieben.

Schon der Start beim vierten Saisonrennen hat es in sich. Es scheint, als habe sich insbesondere Martin Tomczyk auf die Fahne geschrieben, den Wünschen seines Motorsportchefs gerecht zu werden. Noch vor der ersten Kurve geht er an Mattias Ekström vorbei. Spengler verteidigt seine Führung vor Green. Letzterer muss seinen zweiten Platz in der dritten Runde an den furios fahrenden Tomczyk abgeben. Sauberes Ausbremsmanöver am Ende der Start-Ziel-Geraden. Eine nicht weniger beeindruckende Performance legt Timo Scheider auf den Asphalt. Der zweimalige DTM-Champion macht Position um Position gut. Nach der Phase der ersten Boxenstopps ist er bereits Zweiter. Hinter Martin Tomczyk, dessen Crew beim Reifenwechseln und Tanken schneller war als die von Bruno Spengler. Auch nach den zweiten Pflichtboxenstopps liegen die beiden Audi-Männer in Führung. Im Ziel jubelt Tomczyk über seinen zweiten Sieg in Folge, die Tabellenführung und den besiegten Lausitz-Fluch: „Wir haben den Dämon vom Lausitzring gekillt." Scheiders Aufholjagd von Startplatz neun endet im Ziel auf Rang zwei. Rang drei ist für Bruno Spengler schon fast zu wenig.

Die Berg-und-Tal-Fahrt von Ralf Schumacher hält auch in der Lausitz an: Podestplatz, Mittelfeld, Podestplatz – und hier wieder Mittelfeld. Mit Rang zwölf verliert der Mercedes-Pilot den Anschluss zur Tabellenspitze.

Maro Engel vs. Edoardo Mortara, Teil 2: Auch in der Lausitz geraten die beiden wieder aneinander. Heftiger Lackaustausch in Runde zehn. Engel kann das Rennen beenden, Mortara stellt seinen Audi in Runde 35 mit defektem Fahrwerk ab.

Gut besucht: Wenn die DTM auf dem Lausitzring gastiert, ist traditionell die Hütte brechend voll

4 Huch, was ist das denn? Mattias Ekström staunt nicht schlecht über eine „Ente" in Tigerenten-Optik

3, 2, 1 – und weiter geht's

Zentimetergenaue Anfahrt, Auto aufbocken, Schlagschrauber ansetzen, Reifen runter, Reifen rauf – vier Mal gleichzeitig, Auto absetzen und weiter geht's. Ein Reifenwechsel-Vorgang dauert in der DTM rund drei Sekunden. Man stelle sich vor, während dieser Stressphase müsse das Auto auch noch betankt werden. Geht nicht? Geht wohl. Und ist in der DTM bei beiden Pflichtboxenstopps Usus. Also: Tankkanne ansetzen, Treibstoff per Hochdruck in den Tank befördern, Kanne wieder absetzen. Ebenfalls in drei Sekunden. Und genau, wie sich in der DTM nach so manchem Boxenstopp schon Reifen selbstständig gemacht haben, hingen auch noch Tankkannen an den Tankstutzen fest. So geschehen hier in der Lausitz bei Mattias Ekström.

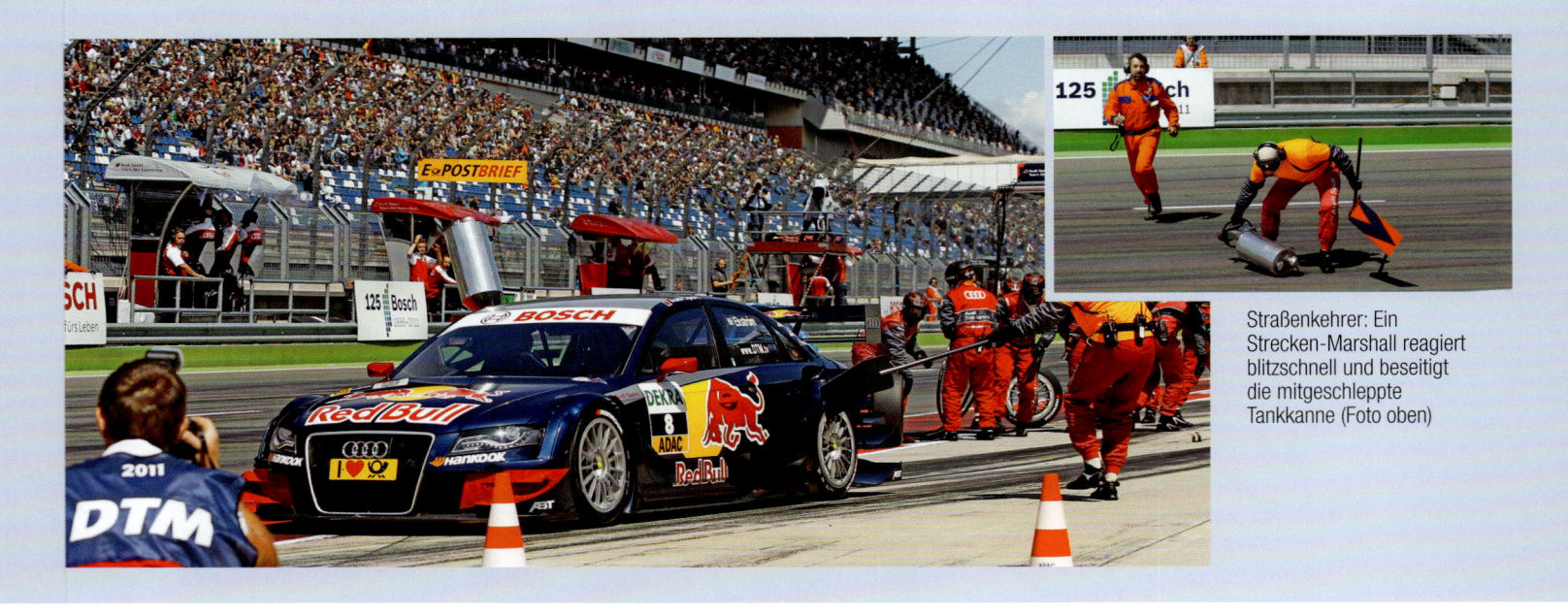

Straßenkehrer: Ein Strecken-Marshall reagiert blitzschnell und beseitigt die mitgeschleppte Tankkanne (Foto oben)

Generation 08

2008. Mit diesem Baujahr gehört ein Auto auf dem Gebrauchtwagenmarkt zu den attraktiven Objekten. Es ist zwar nur noch rund die Hälfte des Neuwagenpreises wert, steht aber gut im Saft. In der DTM sorgt auch eines dieser 2008er-Modelle für Furore. Es ist ein Audi A4. Der von Martin Tomczyk. Wieso fährt er keinen Neuwagen? Das DTM-Reglement verbietet das. Am 17. August 2009 wurde die technische Weiterentwicklung an den Boliden zum größten Teil untersagt. Zum Zwecke der Kostenreduzierung. Den sonst üblichen Bau von Neuwagen gab es nicht mehr. Und so fahren die DTM-Piloten 2011 immer noch mit „altem" Material. Acht Fahrer mit 1.050 Kilogramm schweren 2009er-Modellen, zehn mit den 25 Kilogramm leichteren Autos 2008er-Jahrgangs. Und gerade der Nullachter von Audi, mit dem Timo Scheider 2008 Champion wurde, scheint immer noch bestens zu laufen – weiß auch Martin Tomczyk seinem Chef Dr. Wolfgang Ullrich zu berichten (Foto).

04 LAUSITZRING

Gut gem8

Achter von 18 Fahrerinnen und Fahrern werden. Das ist gerade mal knapp besser sein als die Hälfte. Klingt nach einer lösbaren Aufgabe. Ab Platz acht bekommt man in der DTM Punkte. Für einen Serienneuling das Minimalziel. So ein Punkt löst Erfolgsdruck. Von den fünf DTM-Debütanten Christian Vietoris, Renger van der Zande, Rahel Frey, Filipe Albuquerque und Edoardo Mortara hat bisher nur Letzterer mit seinem sechsten Platz in Spielberg gepunktet. Für die anderen wird es Zeit, auf sich aufmerksam zu machen. Denn auch Rookies stehen in der DTM unter Beobachtung und müssen früher oder später Ergebnisse liefern. Filipe Albuquerque liefert in der Lausitz ab. Qualifying-Session zwei – Rang acht. Session drei – Rang acht. Ergibt Startplatz acht. Im Rennen – Platz acht. Der ersehnte Punkt ist in trockenen Tüchern. In Quali-Durchgang eins ist der Portugiese sogar zweitschnellster Pilot. Beide Freien Trainings, Warm-up – nie schlechter als Rang acht. Gut gemacht, Herr Albuquerque.

DAMALS ...

... waren sie noch die großen Titelrivalen der DTM-Saison 2009: Gary Paffett und Timo Scheider. Nach zehn Rennen setzte sich am Ende Scheider knapp durch. 2010 trennten sich die Wege. Zumindest in der Tabelle. Während Paffett bis zum letzten Rennen um die Krone gegen seine Mercedes-Markenkollegen Paul Di Resta und Bruno Spengler kämpfte, hatte Scheider schon früh keine Chance mehr, seinen dritten Titel in Serie zu gewinnen. Und 2011? Da sind der Brite und der Deutsche wieder vereint. Nur nicht in den Tabellengefilden, in denen sie sich selbst gern sehen würden und wo man sie auch erwartet hätte. Vor diesem Wochenende reisen Scheider und Paffett als Tabellenneunter respektive -fünfter an. In der Lausitz dann ein Lichtblick für das Duo: Paffett wird Vierter (Foto, vorn), Scheider (im Hintergrund) kämpft sich sogar von Startplatz neun bis auf Rang zwei im Ziel vor. Das jeweils beste Ergebnis in der laufenden Saison. „Ich bin relativ zufrieden mit meinem Resultat", fasst Paffett vorsichtig zusammen. Scheiders Resümee nach dem Rennen klingt dagegen fröhlicher: „Es tut gut, wieder das Gefühl zu erleben, auf dem Podium zu stehen."

Kurz-Comeback

„Ich bin sehr, sehr glücklich. Es wird mir fehlen, mit allen zu arbeiten. Auch die Fans werden mir fehlen." Zufrieden, aber auch mit ein bisschen Wehmut war Tom Kristensen nach der Saison 2009 aus der DTM zurückgetreten. 60 Rennen, vier Siege, neun Pole-Positions – eine stolze Bilanz aus sechs Jahren. Er wolle sich wieder mehr auf seine zweite Leidenschaft, die Sportwagen-Rennen, konzentrieren. Was er seitdem auch tut. 2010 startete der Däne zum 14. Mal bei seinem Lieblingsrennen, den 24 Stunden von Le Mans. Sein neunter Sieg blieb ihm verwehrt. Und ausgerechnet Le Mans sollte auch dazu führen, dass er zu seinem 61. DTM-Rennen kommen sollte. Mike Rockenfeller setzte nach seinem Unfall bei der diesjährigen Ausgabe des französischen Langstreckenklassikers hier in der Lausitz aus. „Erholungsurlaub". Als Ersatzmann wurde Tom Kristensen aus seiner DTM-Rente geholt. Mit Erfolg. Für Platz sieben gibt es zwei Punkte.

51

04 LAUSITZRING

1 Bad Luck: Susie Stoddarts Fanclub wartet vergebens auf einen Start der hübschen Schottin

2 Immer ein Hingucker: die Grid-Girls der DTM im Outfit der Deutschen Post

3 Da schwärmen sie aus. Bruno Spengler verteidigt Rang eins nach dem Start

RACE FACTS

Tom Kristensen ersetzt Mike Rockenfeller, der sich von seinem Unfall in Le Mans erholt +++ Kristensen und Martin Tomczyk sind die Besten in den Freien Trainings +++ Stoddart erstmals in Q2 +++ Bruno Spengler holt seine dritte Pole 2011 – die zehnte in der DTM +++ Kristensen auf Startplatz sieben +++ Bremsprobleme am Auto von Stoddart. Kein Start +++ Im Rennen bleibt die Tankkanne in Ekströms Auto stecken +++ Edoardo Mortara gibt nach 35 Runden aufgrund von Kollisionsfolgeschäden auf +++ Tomczyk feiert zweiten Sieg in Serie, seinen achten in der DTM. Er übernimmt die Tabellenspitze +++ Rang zwei für Timo Scheider und Platz vier für Gary Paffett – jeweils die besten Resultate 2011 +++ Kristensen auf Rang sieben +++ Filipe Albuquerque sammelt ersten DTM-Zähler

www.h-r.com

H&R
Das Fahrwerk!

Wir freuen uns auf die nächste Saison...

Fahrwerkskomponenten für mehr als 1450 Fahrzeugmodelle

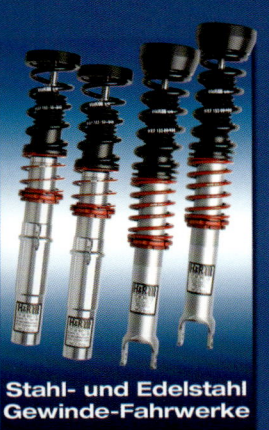

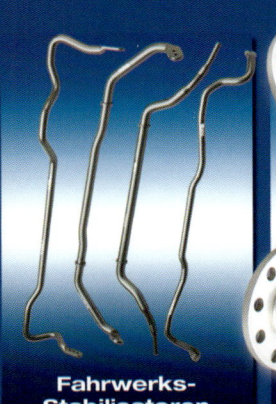

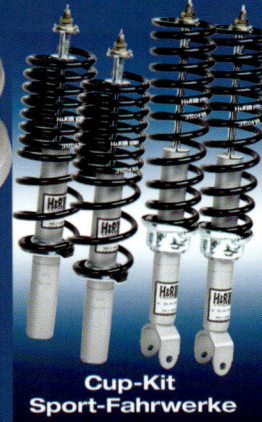

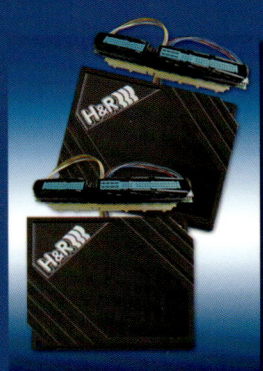

Auch mit ABE!			Auch mit ABE!			
Sport Federnsätze	Stahl- und Edelstahl Gewinde-Fahrwerke	Fahrwerks-Stabilisatoren	TRAK+ Spur-verbreiterungen	Cup-Kit Sport-Fahrwerke	ETS - elektronische Tieferlegungs Systme	

Das kostenlose H&R App für iPhone® und iPad® — Erhältlich im App Store

Folge uns auf facebook/hr.dasfahrwerk

05 NORISRING
Feuchtgebiete

Spritzige Angelegenheit für Bruno Spengler beim fünften Saisonlauf auf dem Norisring. In der Regenschlacht auf dem Stadtkurs schwimmt er seinen Konkurrenten davon – bei der anschließenden Schampusdusche wird er nass gemacht

05 NORISRING

RENNBERICHT

Spengler schwimmt an die Spitze

Dass der Sieg auf dem Norisring an einen Mercedes-Piloten geht, stand schon vor dem Rennen fest. Zumindest statistisch. In den vergangenen acht Rennen überquerte immer ein Fahrer der Stuttgarter Marke die Ziellinie auf dem engen Stadtkurs als Erster. Zuletzt drei Mal Jamie Green in Folge. Ein erneuter Triumph des Briten wäre DTM-Rekord. Noch nie hat ein Fahrer vier Mal hintereinander auf demselben Kurs gewonnen. Markenkollege Bruno Spengler stand in den vergangenen fünf Jahren auf dem Norisring-Podest und ist daher ebenfalls zu den Favoriten zu zählen.

Green und Spengler – sie sind nach dem Zeittraining vorn dabei. Spengler auf der Pole-Position, Green auf Startplatz drei. Mit Gary Paffett, Ralf Schumacher und Maro Engel tummeln sich weitere Mercedes-Piloten in den Top Sechs. Statistik vorerst bestätigt. Mattias Ekström hält auf Startplatz vier die Audi-Fahnen tapfer hoch.

Schon das Warm-up gibt einen Vorgeschmack auf das, was Zehntausende Fans dann im Rennen erwartet: eine Regenschlacht. Aus Sicherheitsgründen lässt die Rennleitung das Feld hinter dem Safety Car starten. Nach fünf Runden geht die wilde Rutschfahrt los. Erstaunlicherweise schlagen sich die 18 Fahrerinnen und Fahrer im Schwimmbad Norisring sehr wacker. Lediglich Gary Paffett erwischt es in Runde 16. Der Sieganwärter schlittert im Schöller-S in die Mauer. Das Aus.

Scheinbar mit Schwimmflossen ausgestattet zieht Tabellenführer Martin Tomczyk zielsicher seine Bahnen und krault von Startplatz zehn bis auf Podestrang drei nach vorn. Wasserratte Jamie Green fehlen nach 64 Runden – das Rennen wird wegen Aquaplaninggefahr vorzeitig abgebrochen – lediglich 0,5 Sekunden zu seinem Rekord. Er muss nur Bademeister Bruno Spengler den Vortritt lassen, der sich mit seinem zweiten Saisonsieg – Statistik endgültig bestätigt – die Tabellenspitze zurückholt. Edoardo Mortara feiert auf Rang fünf sein bestes Saisonergebnis.

Wie im Straßenverkehr: Auch in der DTM wird bei schlechtem Wetter mit eingeschaltetem Licht gefahren

05 NORISRING

1 Das Leben als DTM-Grid-Girl ist nicht immer eitel Sonnenschein

2 Seltener Moment auf dem Norisring 2011: Das Auto von Rahel Frey wird von einem Sonnenstrahl geküsst

3 Mattias Ekström ist sich nicht zu schade, für Ordnung zu sorgen

4 Unerschütterlich: Trotz des miesen Wetters finden 124.000 Fans am gesamten Wochenende den Weg auf die Tribünen

Spenglers Formel: 4 aus 5

Du bist ganz auf dich allein gestellt. Nur du, das Auto und die Uhr. Dein Team hat alles Menschenmögliche dafür getan, dass dein Rennwagen perfekt auf Strecke und Witterung abgestimmt ist. Jetzt liegt es nur noch an dir. Du musst die paar Runden perfekt auf den Asphalt bringen. Denn du weißt: Ein guter Startplatz ist die halbe Miete. Gerade hier auf dem engen Norisring. Also volle Konzentration auf das, was du so gut kannst: ein Rennauto fahren. Nach nicht einmal einer Minute ist es auch schon wieder vorbei. Deine Zeit reicht. Du hast die Pole-Position. Ein tolles Gefühl. Dieses Gefühl erlebt Bruno Spengler auf dem Nürnberger Stadtkurs bereits zum vierten Mal in diesem Jahr. Vier Pole-Positions in fünf Rennen. Das ist außergewöhnlich. Denn man bedenke, dass im Qualifying alle 18 Fahrerinnen und Fahrer die gleichen Voraussetzungen haben. Gegner spielen keine Rolle. Bruno Spengler besteht diese mentale Herausforderung in diesem Jahr von allen am besten. Vier Mal Startplatz eins in den ersten fünf Rennen. Damit stellt er den DTM-Rekord ein. Bisher schaffte das nur Manuel Reuter 1987. Für seine sieben Poles bis vor dieser Saison brauchte Spengler sechs Jahre. Meine Damen und Herren: der König der Qualifyings.

Eine halbe Sekunde fehlte

2008, 2009 und 2010 hatte Jamie Green schon auf dem Norisring gewonnen. Drei Siege in Serie auf derselben Rennstrecke – eine echte Seltenheit in der DTM. Dieses Kunststück war in der Serienhistorie bisher nur Harald Grohs gelungen. Der zweimalige DTM-Gesamtdritte hatte 1984 das erste Rennen der DTM überhaupt gewonnen. Das war in Zolder. Im selben Jahr gastierte die DTM erneut auf der belgischen Rennstrecke. Der Sieger hieß wieder Harald Grohs. Auch der Auftakt in der Saison 1985 stieg in Zolder. Und Harald Grohs war ein drittes Mal nicht zu schlagen. Und nun Jamie Green auf dem Norisring. Dieses Jahr hat er die Chance, den Rekord allein zu übernehmen. Starplatz drei ist eine solide Ausgangsbasis. Im Rennen gewinnt er durch den Ausfall von Gary Paffett einen Rang kampflos. Green (Foto, rechts) ist der schnellste Mann im Feld, er kommt Bruno Spengler bedrohlich nah, im Ziel fehlen aber 0,499 Sekunden. Vierter Sieg und Dauersieger-Rekord knapp verpasst.

Zum Wohle

Jetzt wird's technisch. Regeltechnisch. Artikel 41.1 des Sportlichen Reglements der DTM erklärt, dass ein Rennen wegen Unfalls oder schlechten Wetters unterbrochen werden kann. Der Renndirektor gibt die Anweisung, die Streckenposten schwenken Rote Flaggen. Sind die Unfallfolgen bereinigt oder hat sich das Wetter gebessert, kann das Rennen laut Artikel 42 wieder aufgenommen werden. Sollte das Rennen nicht wieder aufgenommen werden können, wird es nach Artikel 42.8 „zum Ende der letzten vollen Runde, vor der Runde, in welcher das Zeichen zur Unterbrechung" kam, gewertet. Sind zu diesem Zeitpunkt weniger als 75 Prozent Renndistanz zurückgelegt, gibt es die halbe, sind mehr zurückgelegt, die volle Punktzahl. Das zur Theorie.

Die Praxis: Am Norisring 2011 wird der Regen gegen Rennende so stark, dass die Rennleitung das Safety Car in der 58. Runde auf die Strecke schickt. Der Tross schwimmt noch bis zur 64. Runde in langsamem Tempo um den Kurs – dann kommt das Kommando: Abbruch. Mehr als Dreiviertel der Distanz sind zurückgelegt, volle Punkte werden verteilt, das Rennen nicht wieder aufgenommen. Wie kommt so eine Entscheidung zustande? Und hätte es Alternativen gegeben?

„Nein, keine Alternativen", sagt DTM-Renndirektor Sven Stoppe. „Zumindest keine, die wir in Betracht gezogen haben." Was Stoppe meint: Natürlich hätte es theoretische, aber keine sinnvollen Alternativen gegeben. Möglichkeit 1: gar nichts unternehmen. Stoppe: „Kam nicht in Frage, weil die Sicherheit der Fahrer massiv gefährdet worden wäre." Möglichkeit 2: unterbrechen und warten, dass das Wetter besser wird. Stoppe: „Wir hatten die Wetterdaten vorliegen und es bestand keine kurzfristige Aussicht auf Besserung." Möglichkeit 3: nicht unterbrechen und das Rennen hinter dem Safety Car beenden. Stoppe: „Sinnlos, da keine Positionsverschiebungen mehr zu erwarten gewesen wären." Möglichkeit 4: vor der 75-Prozent-Grenze abbrechen und nicht wieder aufnehmen. Stoppe: „Wir waren so dicht dran an der Grenze, also haben wir sie noch überschritten." Und so wurde im Sinne aller Beteiligten eben jene einzig sinnvolle Variante gewählt: Abbruch nach 75 Prozent, keine Wiederaufnahme.

Eine spontane Maßnahme war dies nicht, denn „es war schon vor dem Wochenende abzusehen, dass am Rennsonntag schlechtes Wetter herrschen könnte", sagt Stoppe. Von daher wurde gemeinsam mit den Teams und Fahrern besprochen, dass die Rennleitung im Falle des tatsächlichen Eintretens des Regens genauso handeln sollte. Gerade die Fahrer spielen dabei eine große Rolle. So funkt kurz vor dem Safety-Car-Einsatz fast jeder, dass die Strecke unfahrbar sei. Das Zeichen für Stoppe und seine Kollegen, den besprochenen Abbruch einzuleiten.

Punktlandung

Sie sind bei ihrem Eintritt in die Serie die gefeierten Stars, werden von Journalisten umgarnt, können sich vor Autogrammjägern kaum retten. Die Rede ist von ehemaligen Formel-1-Piloten, die den Umstieg in die DTM wagen. David Coulthard war der bisher letzte, der diesen Schritt ging. In seiner Debütsaison 2010 gelang es dem Schotten erst im letzten von elf Rennen, Highlights zu setzen. Neben einem Meisterschaftspunkt für Rang acht fuhr der 17-malige Grand-Prix-Sieger auch die schnellste Rennrunde. Seine zweite DTM-Saison geht „DC" erneut in einer AMG Mercedes C-Klasse des Jahrgangs 2008 an. Dieses Jahr verzeichnet er schon beim fünften Saisonrennen hier am Norisring Zählbares – wieder sammelt er einen Punkt für Rang acht.

Die erfolgreichsten Umsteiger aus der Formel 1 in die DTM sind Jean Alesi und Mika Häkkinen. Der Franzose feierte in fünf Jahren Zugehörigkeit vier Siege. Sein bester Platz in der Gesamtwertung stammt aus dem Jahr 2003, als er Fünfter wurde. Der „Fliegende Finne" gewann in drei DTM-Jahren ebenfalls drei Mal. Auch seine Jahresbestleistung ist ein fünfter Rang aus der Saison 2005.

05 NORISRING

1 Feuerspucker: DTM-Neuling Renger van der Zande stellt mit Platz zehn sein bestes DTM-Ergebnis aus Spielberg ein

2 Cora Schumacher freut sich über Rang sechs von Ehemann Ralf

3 Teamchef Ernst Moser und Pilot Martin Tomczyk haben angesichts der guten Saison des Audi Sport Team Phoenix gut lachen

RACE FACTS

Mike Rockenfeller wieder am Start nach Pause am Lausitzring +++ Mattias Ekström und Bruno Spengler in den Trainings vorn +++ Rockenfeller nur auf Startplatz 17 +++ P10 für Martin Tomczyk – schlechtester Startplatz der Saison +++ Drei Mercedes auf den ersten drei Plätzen – Spengler mit der vierten Pole des Jahres, der elften insgesamt +++ Regen im Warm-up +++ Regen im Rennen – Start hinter dem Safety Car +++ Rennen nach fünf Runden freigegeben +++ Runde 16: Gary Paffett kracht in die Bande. Das Aus +++ 58. Runde: Wegen des zunehmenden Regens kommt das Safety Car wieder auf die Strecke +++ Nach 64 statt der angesetzten 82 Runden und vor Ablauf der 75-Minuten-Maximalgrenze wird das Rennen per Roter Flagge beendet +++ Zweiter Saisonsieg für Spengler – der neunte in der DTM +++ Jamie Green verpasst auf Rang zwei seinen vierten Norisring-Sieg in Folge +++ Tomczyk mit Aufholjagd von P10 auf P3 +++ Neuling Edoardo Mortara auf Rang fünf +++ David Coulthard holt seinen ersten Punkt 2011

05 NORISRING

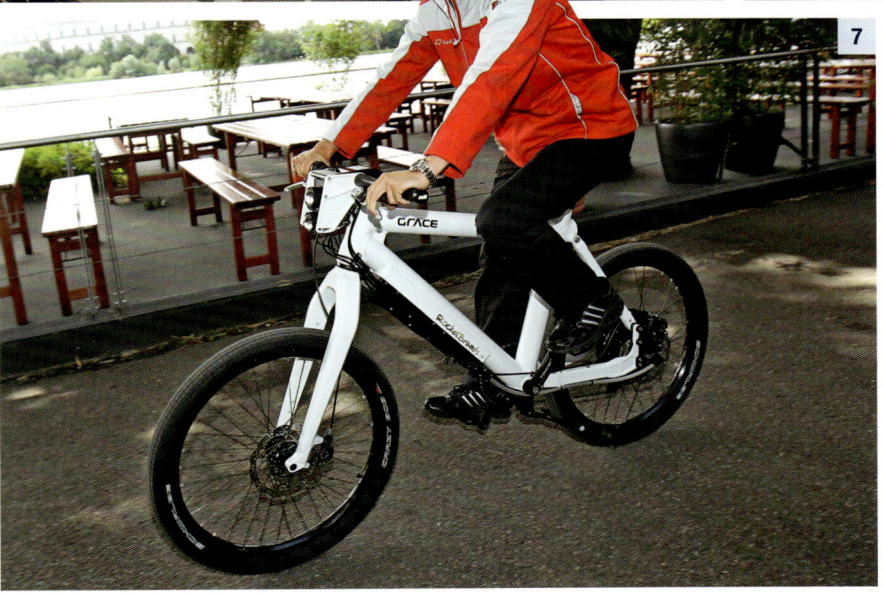

4 Sieht komisch aus, ist es aber gar nicht: Ralf Schumacher verkabelt seinen Bord-Funk

5 Da war noch besseres Wetter in Nürnberg. Ein Grid-Girl wirft sich in Pose

6 Kein Sperrgebiet: Auch DTM-„Normalos" dürfen einen Blick in die DTM-Box werfen

7 Lange Wege: Mike Rockenfeller überbrückt die Distanzen am Norisring mit zwei Rädern

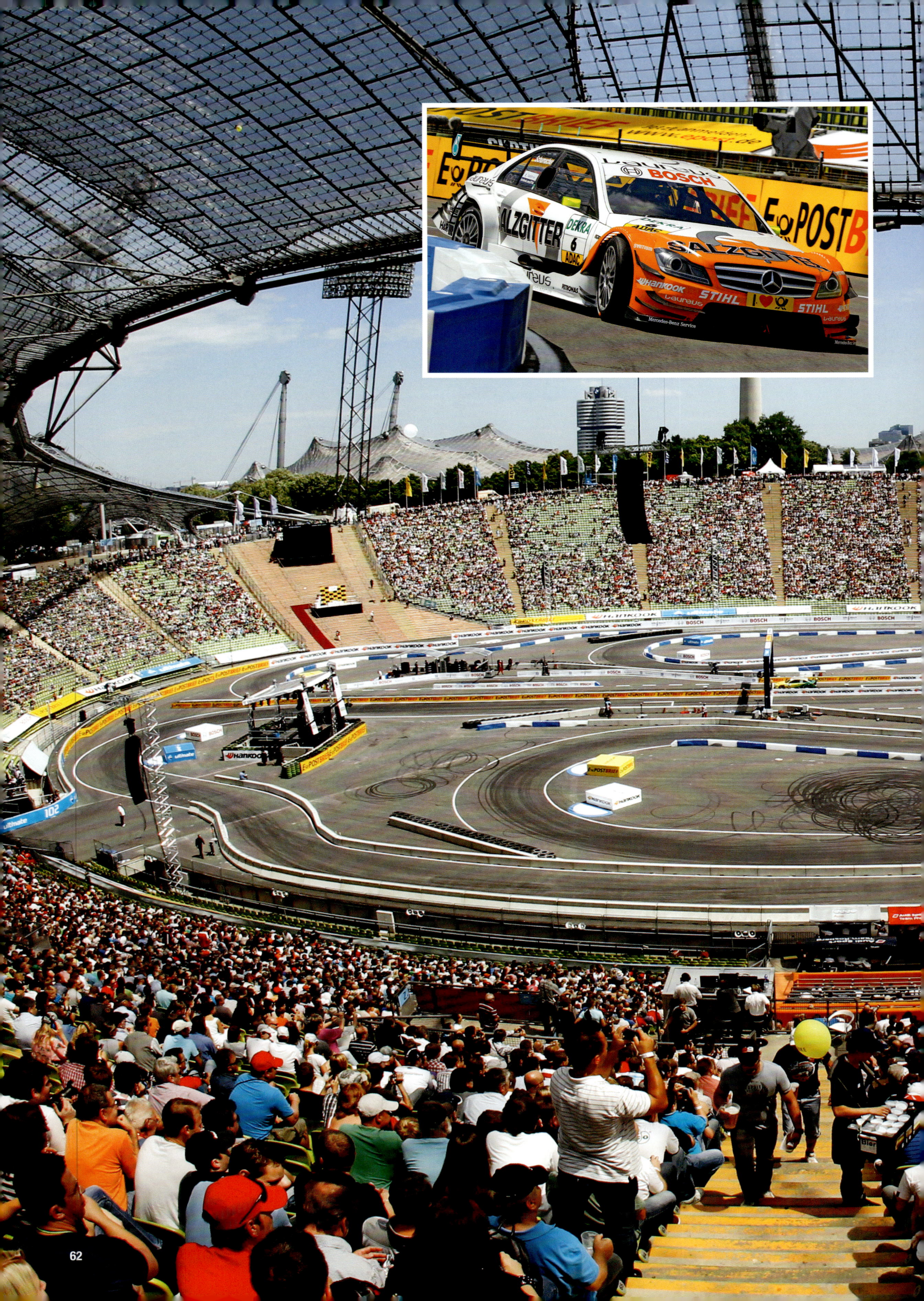
BOSCH
DEKRA
6
ADAC
STIHL

MÜNCHEN

Das hat die Welt noch nicht gesehen

DTM in einem Stadion – das gab es in 25 Jahren Serienhistorie noch nie. Bis zum Jahr 2011. Bei dem Mega-Spektakel im Münchener Olympiastadion bekamen die Fans eine Menge Action und Show geboten

1 Immer noch gefragt: Der ehemalige DTM- und Formel-1-Pilot Mika Häkkinen gibt bereitwillig Autogramme

2 Hier entlang: Die DTM-Fahrer werden in das Stadion gelotst

3 Dieter Zetsche, Vorstandsvorsitzender der Daimler AG, fiebert in München mit

4 Die schwedische Band Mando Diao gibt am Samstagabend ein Live-Konzert

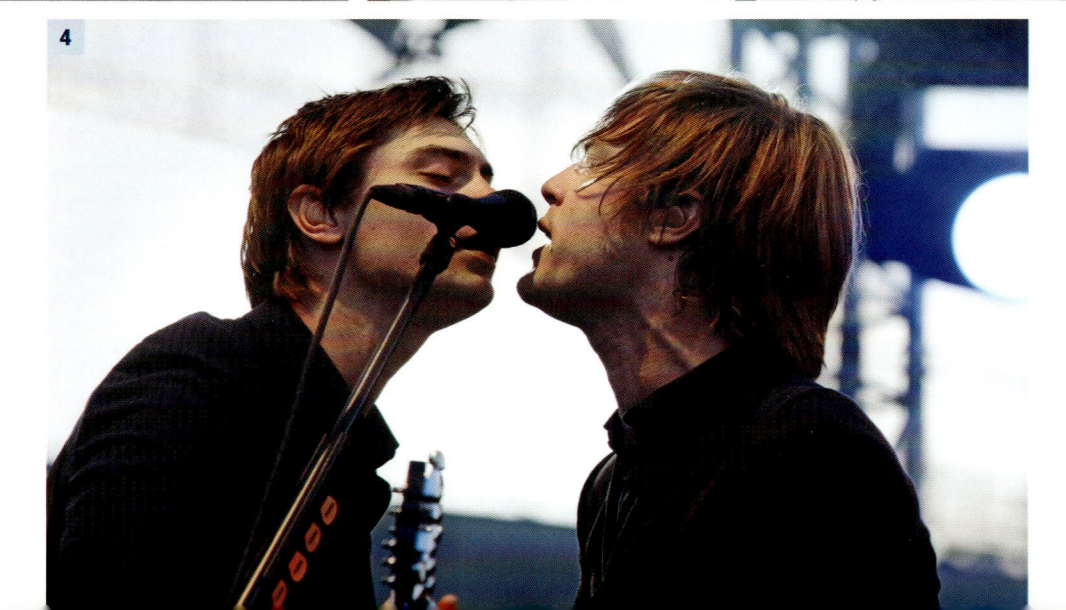

5 Die „World of Race Cars" beweist, dass sich Rennautos älterer Semester auf dem Münchener Asphalt wohlfühlen

RENNBERICHT

Ein Hauch von Wimbledon

Duelle eins gegen eins im K.-o.-System. Pro Runde gibt es Verlierer und Gewinner. Achtelfinale, Viertelfinale, Halbfinale, Finale, einer bleibt übrig und ist der Sieger. Ein Prinzip, nach dem seit jeher Turniere im Tennis und vielen anderen Einzelsportarten ausgetragen werden. Ein Hauch von Wimbledon in der DTM. Die Theorie klingt spannend.

Die Praxis in München enttäuscht nicht. Die Renn-Action startet am Samstag mit dem Prolog. In acht markeninternen Paarungen und zwei Einzelfahrten ermitteln die 18 Fahrerinnen und Fahrer die schnellsten 16. Es zählen nur die gefahrenen Zeiten, nicht die Ergebnisse der Vergleiche. Der jeweils langsamste Pilot bei Audi und Mercedes scheidet aus. Es trifft Miguel Molina und Susie Stoddart. Die anderen jeweils acht Fahrer pro Hersteller fechten in teaminternen K.-o.-Duellen, von Achtelfinale bis Finale, den besten ihrer Zunft aus. Übrig bleiben Edoardo Mortara (Audi) und Bruno Spengler (Mercedes-Benz). Das Finale über fünf Runden inklusive eines Pflichtboxenstopps entscheidet der DTM-Neuling aus dem Audi-Lager für sich und ist somit der umjubelte Tagessieger.

Auch am Sonntag heißt es für zwei Piloten: leider nur zuschauen. In einer Relegation verlieren Maro Engel (Mercedes-Benz) und Rahel Frey (Audi) ihre Duelle gegen die tags zuvor unterlegenen Stoddart und Molina und qualifizieren sich nicht für das Hauptfeld. Im Achtelfinale steigen dann die mit Spannung erwarteten acht Duelle Audi gegen Mercedes. Die Mercedes-Fahrer setzen sich mit 5:3 durch. Im Viertelfinale schlägt die Stunde der Neulinge. Edoardo Mortara putzt den ehemaligen Formel-1-Star David Coulthard. Renger van der Zande schaltet den zweimaligen DTM-Champion Mattias Ekström aus. Christian Vietoris lässt DTM-Titelkandidat Martin Tomczyk keine Chance. Einziger Routinier im Halbfinale ist Tabellenführer Bruno Spengler. Mortara und Spengler gewinnen ihre Vergleiche. Damit gibt es eine Neuauflage des Finales vom Vortag. Die Fans auf den Rängen drücken dem Underdog Mortara die Daumen. Bis zum Pflichtboxenstopp sind die beiden Kontrahenten gleichauf. Nach dem Besuch bei der Boxencrew spielt Spengler dann seine Routine aus. Während der Kanadier zielsicher und mit genügend Respektabstand zu den stetig drohenden Begrenzungsteilen umrundet, riskiert Mortara zu viel: Der Italiener touchiert nach der Schikane die Bande und schleudert in eine Mauer. Das Aus. Spengler ist der erste München-Sieger der DTM-Geschichte.

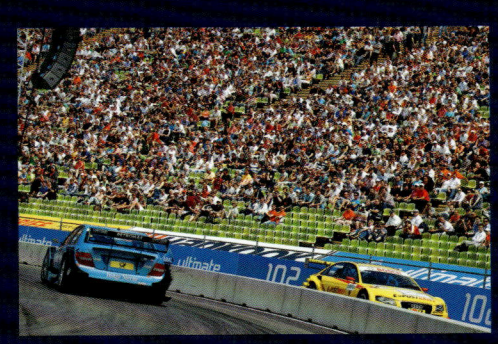

Spektakel pur: Bei den Duellen eins gegen eins kommen sich die Autos auf dem Parcours ganz nah

Mia san DTM

Es klang visionär, ungewöhnlich und auch ein bisschen verrückt: Im vergangenen Sommer verkündeten die DTM-Verantwortlichen am Norisring-Rennwochenende: „The DTM goes stadium". Das Olympiastadion als Veranstaltungsstätte, erste Show-Acts und ein Gerüst des Reglements wurden gemeinsam mit der Betreibergesellschaft Olympiapark vorgestellt. So weit, so gut. In den folgenden Monaten nahm das Projekt dann auch praktisch eine Form an: Am 12. April 2011 begann der Umbau des Olympiastadions. Der Rasen, auf dem sonst Sport-Events und Musikkonzerte stattfinden, wurde innerhalb von drei Tagen entfernt. Am 8. Mai war die gesamte Fläche asphaltiert. Auf 18.000 Quadratmetern waren 8.000 Kubikmeter Material verteilt. Am 6. Juni dann der erste Härtetest für die neue Fahrunterlage: Filipe Albuquerque und Bruno Spengler drehten ein paar Runden in ihren Dienstwagen. Test bestanden. In der Woche vor dem Event, ab dem 11. Juli, wurden die Streckensicherungs-Elemente platziert. Und pünktlich zum 16. Juli, als die Pforten für die Zuschauer öffneten, war die große Bühne bereitet.

Der Parcours in München ist mit seinen 1,192 Kilometer Länge rund 700 Meter kürzer als der bisher traditionell kürzeste Kurs des DTM-Kalenders in Brands Hatch. Wegen der geringen Fläche, auf der die Strecke gesteckt ist, erwartet die Piloten praktisch eine Kurve nach der anderen. Volle Konzentration ist gefordert. Ausruhen ist nicht. Rechts und links vom Auto lauern in wenigen Zentimetern Entfernung die Betonelemente.

Von Anfang an war klar: Punkte für die DTM-Wertung gibt es hier in München nicht zu gewinnen. Die Gefahr, dass die Fahrer das Event deswegen nicht ernst nehmen würden, besteht nicht. Schließlich tragen alle das Racer-Gen in sich.

EDO GEGEN BRUNO 1:1

Edoardo Mortara gegen Bruno Spengler – so heißt das Duell, das beide Renntage in München bestimmt. Sowohl im Finale am Samstag als auch am Sonntag treffen der italienische DTM-Neuling und der kanadische Titelfavorit Nummer eins aufeinander. Endstand des Vergleichs Mann gegen Mann: eins zu eins. „Edo" siegt Samstag, Bruno Sonntag.

„Ein fantastischer Tag", sagt Mortara (Foto links) am Samstagabend. „Wir waren heute superschnell. Alle haben eine tolle Leistung gezeigt. Auch wenn es dafür keine Meisterschaftspunkte gibt, freue ich mich sehr über meinen ersten Sieg in der DTM." Spengler nach seinem Podestjubel (Foto unten) am Sonntag: „Ein Sieg beim ersten DTM-Show-Event im Münchener Olympiastadion – das ist großartig. Es hat mir unheimlich viel Spaß gemacht, auf dieser Strecke und bei einer so fantastischen Stimmung zu fahren. Der Kurs ist klasse und jedes Rennen war wahnsinnig eng. Das war heute die Revanche für das Samstagsfinale gegen Edoardo Mortara."

MÜNCHEN

Menschen, Tiere, Sensationen

Ein K.-o.-System bietet natürlich Spannung, aber auch Leerlauf zwischen den Rennrunden. Ein abwechslungsreiches Unterhaltungsprogramm muss her, um die Fans bei Laune zu halten. Gesagt, getan. Kensington Road, The Rattles und als Höhepunkt die schwedischen Chartstürmer Mando Diao spielen eine musikalische Rolle. Für ähnlich laute Töne sorgen die Auftritte der Formel-1-Boliden – Mercedes GP mit Nico Rosberg und Red Bull Racing mit David Coulthard am Steuer. Nicht weniger rasant scheuchen die Piloten der „World of Race Cars" ihre Oldtimer um den Kurs. Höhepunkt sind die Drifteinlagen von Mercedes-Motorsportchef Norbert Haug im 500 SL. Neben der DTM haben auch zwei Rahmenserien Renn-Programm zu bieten. Die DTM-Partnerserie Volkswagen Scirocco R-Cup lässt die Fußball-Altstars Karl-Heinz Riedle und Andreas Brehme aufeinander los, die Starter der MINI Challenge machen den Sieger in einem Zeitfahren aus.

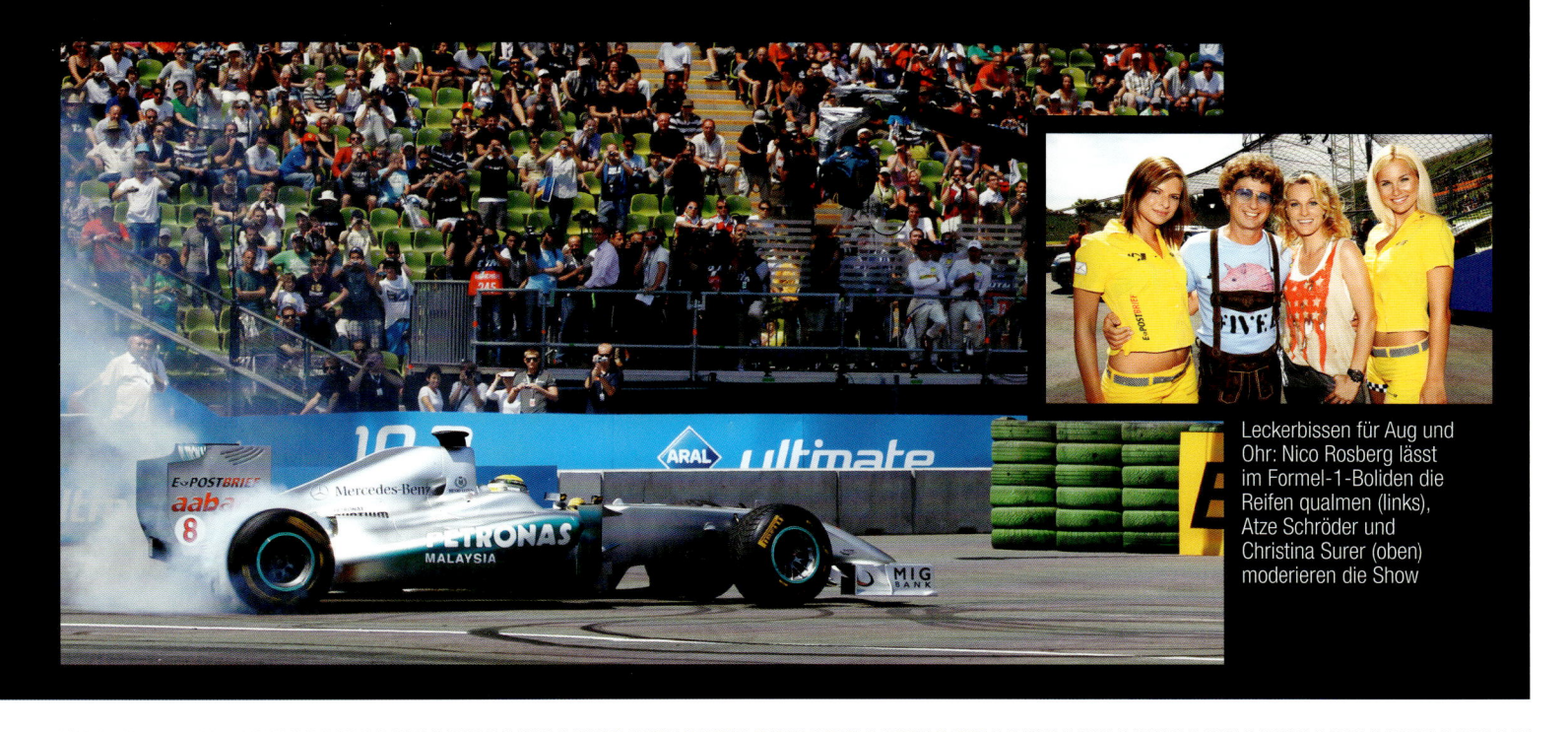

Leckerbissen für Aug und Ohr: Nico Rosberg lässt im Formel-1-Boliden die Reifen qualmen (links), Atze Schröder und Christina Surer (oben) moderieren die Show

Die Neuen sind da

BMW M3 DTM, Augusto Farfus, Jens Marquardt und Andy Priaulx. So heißen die vier Neuen, die sich in München der DTM-Szene vorstellen. Allesamt Mitglieder der Münchener BMW-Truppe, die 2012 die revolutionierte DTM bereichern wird. M3 – das Auto. Schwarz, breit, brutal. Ob es im Endeffekt so aussehen wird, wissen nur Insider. Die Variante in München ist ein Konzeptauto. Farfus und Priaulx – die Piloten. Zumindest zwei von sechs. Junger Brasilianer mit Angriffslust und erfahrener Brite, dreimaliger Tourenwagen-Weltmeister. Marquardt – der Motorsportchef. Seit dem Norisring-Rennen Nachfolger von Dr. Mario Theissen. Willkommen, ihr vier.

MÜNCHEN

RACE FACTS

DTM-Premiere in einem Stadion +++ BMW stellt das M3 DTM Concept Car vor +++ Susie Stoddart und Miguel Molina scheiden am Samstag im Prolog aus +++ Edoardo Mortara (gegen Mike Rockenfeller) und Bruno Spengler (gegen Renger van der Zande) gewinnen ihre Halbfinal-Paarungen +++ Mortara besiegt Spengler im Finale +++ Rahel Frey (gegen Molina) und Maro Engel (gegen Stoddart) scheiden am Sonntag in der Relegation aus +++ Mortara (gegen van der Zande) und Spengler (gegen Christian Vietoris) gewinnen ihre Halbfinal-Paarungen +++ Spengler wird der erste Sieger bei einer DTM-Veranstaltung in einem Stadion

1 Idyllisch: Die Audi-Hospitality spiegelt sich bei Nacht im Olympiasee. Im Hintergrund die Silhouette des Olympiastadions

2 Beweisstücke: An den Autos von Maro Engel, Oliver Jarvis und Mike Rockenfeller (von links nach rechts) sieht man, dass die Strecke in München wirklich eng war

3 Knutsch: Motorrad-Stuntman Chris Pfeiffer beglückt Martin Tomczyks Verlobte Christina Surer

ZF sollte drin sein.

Denn unsere High-Tech-Lösungen für Antriebsstrang und Fahrwerk sind emissionssparend und dynamisch zugleich.

Offizieller Lieferant der
DTM

SACHS
Eine Marke von ZF

www.zf.com

Autofahrer erwarten modernste Technologien für mehr Sicherheit und Komfort bei gleichbleibender Fahrdynamik und niedrigerem Verbrauch. Um diesen Anforderungen gerecht zu werden, forschen und entwickeln Ingenieure von ZF an progressiven Technologien mit innovativen Materialien und optimierten Fertigungsverfahren. Ergänzt durch Erfahrungen aus dem Motorsport bieten wir der Automotive-Welt Antworten: Elektronisch geregelte Dämpfungssysteme, Doppelkupplungen und elektrische Antriebe für Hybride.

ZF
Antriebs- und Fahrwerktechnik

06 NÜRBURGRING

Ihr seid Gewinner

Nicht gesiegt, aber dennoch gewonnen: Bruno Spengler (kleines Foto), Rang zwei, Tabellenführung ausgebaut. Mike Rockenfeller (großes Foto hinten), erster Podestplatz nach dem Le-Mans-Crash. Der größte Gewinner ist Sieger Mattias Ekström, der in der Eifel seinen ersten Triumph des Jahres feiert

06 NÜRBURGRING

1 Ein Blick auf DTM-Technik: Die Kohlefaserbremsen beziehen alle Teams vom selben Hersteller

2 Einmal lächeln bitte. Sie stehen mit ihrem Namen für die Sporthilfe-Kampagne: Miguel Molina, Martin Tomczyk, ITR-Vorstand Dr. Thomas Betzler, Fecht-Olympiasiegerin Britta Heidemann, David Coulthard, Susie Stoddart (v. l.)

RENNBERICHT

Ekström atmet auf – Spengler setzt sich ab

Seit der DTM-Saison 2003 haben sich auf dem Nürburgring immer ein Mercedes- und ein Audi-Pilot in Siegessachen abgewechselt. 2010 kletterte zuletzt Bruno Spengler ganz nach oben auf das Eifel-Podest. Was sagt also die Serie? Klar, 2011 ist wieder ein Audi-Fahrer dran. Schauen wir mal.

In den ersten drei Durchgängen des Zeittrainings sitzen die Zuschauer und fahren die Fahrer noch im Trocknen. Bis ins Einzel-Shootout schaffen es mit Mattias Ekström und Mike Rockenfeller sowie Jamie Green und Bruno Spengler je zwei Audi- und Mercedes-Fahrer. Dann wird es spannend: Es fängt an zu tröpfeln. Als Erster muss Spengler auf die Strecke. Seine Runde von 1.37,144 Minuten ist 13 Sekunden langsamer als die schnellsten Zeiten aus dem dritten Qualifying-Segment. Jamie Green kommt schon besser mit den Gegebenheiten zurecht: 1.35,2 Minuten. Mike Rockenfeller schiebt sich mit seiner Runde von 1.35,5 Minuten auf Rang zwei. Mattias Ekström profitiert als Letzter des Quartetts von der abtrocknenden Piste und schnappt sich in 1.32,066 Minuten die Pole-Position – seine erste in dieser Saison und seine 17. insgesamt. Niemand aus dem aktuellen Fahrerfeld hat mehr Poles vorzuweisen. In der ewigen Rangliste hängt Ekström die ebenfalls 16 Mal von Platz eins gestarteten Klaus Ludwig und Kurt Thiim ab und belegt nun allein den zweiten Rang hinter Bernd Schneider (25).

Das Rennen auf der deutschen Traditionsstrecke ist eines der ereignisärmeren der Saison. Gerade in der Spitzengruppe gibt es wenig Positionsveränderungen. Mattias Ekström fährt seinen niemals gefährdeten ersten Saisonsieg nach Hause und beendet damit eine schwarze Serie von drei Punkten in den vergangenen vier Rennen. Außerdem sorgt er dafür, dass die oben genannte Nürburgring-Serie hält. Mike Rockenfeller hat zwei Runden vor Rennende seinen ersten zweiten Platz in der DTM im Visier, doch er verbremst sich in Kurve eins und muss Bruno Spengler durchschlüpfen lassen. Ärgerlich für dessen Titelrivalen Martin Tomczyk, der selbst Fünfter wird und durch „Rockys" Unachtsamkeit zwei weitere Zähler in der Fahrerwertung auf Spengler einbüßt. Spitzenreiter Spengler: „Ich habe immer nur dieses gelbe Auto vor mir gesehen. Ich glaube, ich kenne seinen Sponsor nun wirklich gut, weil ich mir die ganze Zeit lang sein Heck anschauen konnte."

Für das Unterhaltungs-Highlight des Rennens sorgen zwei ehemalige Formel-1-Stars höchstpersönlich. Mehr dazu auf Seite 75.

Bruno Spengler baut seine Tabellenführung dank Rang zwei auf sieben Punkte vor Martin Tomczyk aus

06 NÜRBURGRING

3 „Nur" Fünfter. Schlechter als am Nürburgring war Martin Tomczyk 2011 nie

4 Diesen rundlichen Blick in den Parc Fermé erzielt der Fotograf durch das sogenannte Fischaugenobjektiv

5 Das kennen wir aus dem Straßenverkehr: Die Stadtreinigung säubert den Asphalt

REVANCHE FÜR 2010

Mit Grausen dürfte sich Mattias Ekström vor dem Nürburgring-Wochenende an seine Performance an gleicher Stelle vor Jahresfrist erinnert haben. Nach der souverän erkämpften Pole-Position (satte vier Zehntelsekunden Vorsprung vor Bruno Spengler) hatte der Schwede einen miserablen Start auf den Asphalt gelegt. Innerhalb der ersten beiden Kurven ließ er sich von sechs [Fahr]ern düpieren und fand sich auf [dem] siebten Platz wieder. Im Ziel [blieb] es bei Rang sieben. 2011 nun [ein Dé]jà-vu-Erlebnis – zumindest, [was das] Zeittraining angeht: wieder [Pole-Posi]tion. Dieses Mal gelingt der [Startnicht nur das – „Eki" fährt [ein Rennen], das man im Allgemeinen [als souverän b]ezeichnet. Lediglich eine [Safety-Car-Phase] direkt nach der Phase [des ersten] Pflichtboxenstopps, [focht das] Feld nicht an. Nach [exakt] 49 Umläufen [überquert der] DTM-Champion [von 2]007 das Ziel mit [zweie]inhalb Sekunden [vor B]runo Spengler. [„Es ist wirklich] toll, wieder [auf dem] Podium zu [stehen, vor allem] des großen [Publikums, vor] allem auch [hier in der Eife]l, wie wir

SCHÖN ZU SEHEN ...

... dass Mike Rockenfeller so strahlt. Ein normales Foto am Nürburgring? Nein, es hätte für den sympathischen Mann aus Neuwied auch anders kommen können. Wer die 24 Stunden von Le Mans verfolgt hat, weiß, was gemeint ist. „Rocky" war nach etwa einem Renndrittel in den schlimmsten Unfall seiner Karriere verwickelt. Dass er den Aufprall bei 300 km/h in die Leitplanke überlebt hat, ist in erster Linie dem Kohlefaser-Monocoque seines Audi R18 TDI zu verdanken. Vorsichtshalber setzte Rockenfeller beim DTM-Rennen auf dem Lausitzring aus. Beim Comeback-Rennen auf dem Norisring schien er seine gute Form der Saison 2011– er holte in Zandvoort seinen ersten DTM-Sieg – noch nicht wiedergefunden zu haben. Doch dann Rang drei hier in der Eifel. „Rocky" ist wieder voll da. Es hätte sogar noch besser laufen können. Ein Verbremser in der vorletzten Runde kostete ihn Rang zwei. Aber „andererseits habe ich gezeigt, dass das Tempo am ganzen Wochenende gepasst hat", sagte ein zufriedener Mike Rockenfeller.

Sieben Jahre danach

David Coulthard und Ralf Schumacher sind in ihrer Formel-1-Karriere bei 179 Grand Prix gemeinsam gestartet. Abgesehen von kleineren Scharmützeln kam es in der Zeit nur zu einem einzigen ernsthaften Zusammenstoß: GP China, 2004. „Schumi II" zeigt bei seinem Comeback nach einer Verletzungspause eine starke Leistung, liegt zwischenzeitlich auf Rang fünf. Gegen Rennmitte wird er Opfer einer Rempelattacke Coulthards. Reifenschaden. Das Aus. Coulthard versus Schumacher – in der Formel 1 hat es 126 Rennen gedauert. In der DTM kommen sich die beiden „Altstars" schon im 17. gemeinsamen Rennen nahe. Zweite Runde, Anfahrt auf Kurve eins: „Schumi" im Windschatten von „DC". Ein leichter Stubser und er geht vorbei. Coulthard direkt hinter ihm. In Kurve zwei die Retourkutsche: Coulthard gegen Schumacher – dieses Mal mit schwerwiegenderen Folgen: Schumi dreht sich und scheidet aus. Bei Coulthard muss die Haube gewechselt werden. Die Rennleitung entscheidet: keine sofortigen Sanktionen. Nach dem Rennen werden die Kampfhähne auf Bewährung bestraft. Sollten sie sich in Brands Hatch etwas zuschulden kommen lassen, werden sie in Oschersleben um je drei Plätze in der Startaufstellung nach hinten versetzt.

Ein Vierteljahrhundert am Ring

Die DTM feiert 2011 ihr 25-jähriges Bestehen: 1984 gegründet, 1997 abgeschafft, 2000 als „neue DTM" zurückgekehrt. Als einzige Rennstrecke tauchte in jedem Jahr der Nürburgring im Kalender auf. Zwar stiegen auf dem Hockenheimring bis heute die meisten Rennen, jedoch weist er keine lückenlose Historie auf. Also – 25 Jahre DTM sind auch 25 Jahre DTM auf dem Nürburgring. Glückwunsch. Um der nostalgischen Stimmung willen zeigen wir hier ein historisches Foto: Bernd Schneider 1986 im Ford-Sierra-Duell gegen Beate Nodes.

06 NÜRBURGRING

1 Timo Scheider punktet zum sechsten Mal in Folge

2 Audi-Motorsportchef Dr. Wolfgang Ullrich überzeugt sich an der Strecke von den Fahrkünsten seiner Schützlinge

3 Wie süß. Ein kleines Mädchen hat seiner Landsfrau Rahel Frey ein „MDT"-Bild gemalt – die Mechaniker korrigierten und unterschrieben es und hängten es in der Box von Phoenix Racing auf

4 Auch ein DTM-Reifen braucht Pflege. Dieser Audi-Mechaniker kümmert sich liebevoll darum

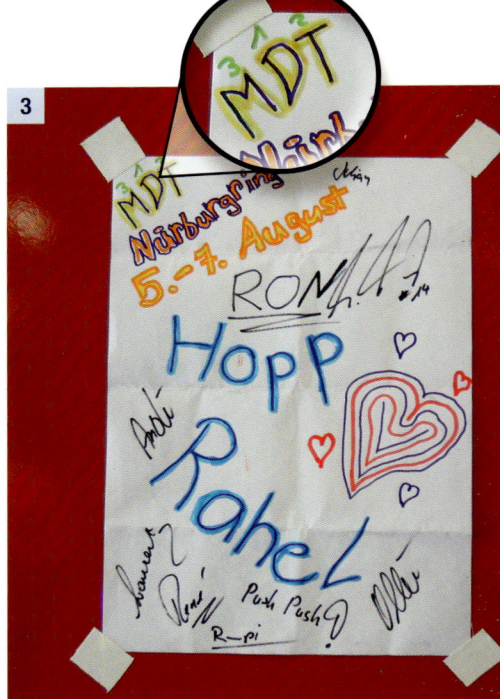

RACE FACTS

Rockenfeller und Ekström in den Freien Trainings vorn +++ Wechselnde Wetterbedingungen im Zeittraining +++ Ralf Schumacher scheidet in Quali-Durchgang eins aus +++ Renger van der Zande auf P9 – bester Startplatz seiner DTM-Karriere +++ Mattias Ekström holt erste Pole-Position der Saison – seine 17. insgesamt +++ Kollision zwischen Schumacher und David Coulthard in der zweiten Runde. Das Aus für Schumacher, an Coulthards Auto wird bei einem zusätzlichen Boxenstopp die Haube gewechselt +++ Ekström feiert ersten Saisonsieg – seinen 15. insgesamt +++ Bruno Spengler baut seine Tabellenführung dank Rang zwei aus +++ Zweites Saisonpodest für Mike Rockenfeller +++ Coulthard und Schumacher werden nachträglich für ihre Kollision auf Bewährung bestraft: Sollten sie sich in Brands Hatch etwas zuschulden kommen lassen, geht es für beide in Oschersleben in der Startaufstellung um drei Plätze nach hinten

GEMEINSAM HABEN WIR ES GEPACKT.

Das Audi Sport Team Abt Sportsline hat die Teamwertung der DTM gewonnen. Mit schnellen Fahrern, einem starken Team und fantastischen Fans. Wir sagen Danke für die Unterstützung vom Auftakt bis zum Finale und freuen uns schon jetzt auf den nächsten sportlichen Angriff in der Saison 2012.

Mehr Infos zum Motorsport-Engagement unter www.abt-motorsport.de
oder im iTunes-Store von Apple unter „ABT Sportsline".

ABT Sportsline ist der weltweit größte Anbieter für die Veredelung von Audi- und VW-Fahrzeugen

MOTORSPORT · MOTORTECHNIK · KAROSSERIE · ABGASTECHNIK · FAHRWERK · BREMSEN · SPORTFELGEN

07 BRANDS HATCH
Audi gibt Gas

Typisch England – es regnet in Strömen. Zum ersten Mal 2011 sind auf dem Podium Fahrer nur einer Marke vertreten. Martin Tomczyk (großes Foto, links) übernimmt mit seinem dritten Saisonsieg die Tabellenführung. Edoardo Mortara (rechts) feiert sein erstes Top-Drei-Ergebnis

07 BRANDS HATCH

79

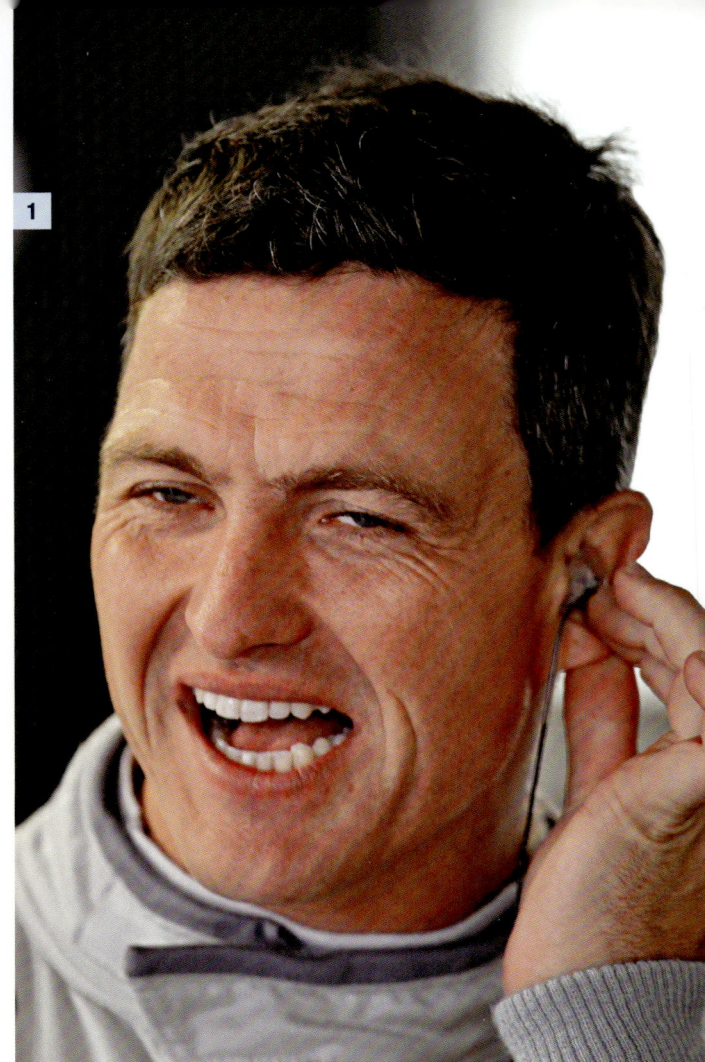

1 Die Stimmung bei Mattias Ekström und Ralf Schumacher ist trotz des miesen Wetters bestens

2 Da ist er wieder: DTM-Champion 2010, Paul Di Resta, im Gespräch mit Motorsportchef Norbert Haug

3 Making-of: Ein Fotograf bei der DTM hat es nicht immer leicht

07 BRANDS HATCH

RENNBERICHT

Tomczyk nutzt Spenglers Krise

Gut für die 18 aktuellen Pilotinnen und Piloten, dass der noch aktuelle Champion Paul Di Resta die DTM verlassen hat. Der Brite war in den beiden vergangenen Jahren vor heimischem Publikum nicht zu schlagen. Ein neuer Held der Insel wird gesucht.

Die Startaufstellung ist ein echter Leckerbissen für Freunde der Marken-Duelle. In jeder der neun Startreihen stehen jeweils ein Audi- und ein Mercedes-Fahrer nebeneinander. Ganz vorn thront Mike Rockenfeller. Nach seinem ersten DTM-Sieg in Zandvoort feiert er auf der Insel eine weitere Premiere: seine erste Pole-Position in der DTM. Titelkandidat Martin Tomczyk hält sich mit Startplatz drei schadlos, Titelkandidat Bruno Spengler mit Startplatz acht nicht.

Was wäre ein Autorennen in England ohne Regen? Eben. Denkt sich auch Petrus und lässt es pünktlich zum Start ordentlich plätschern. Mit der rutschigen Strecke wissen die Audi-Piloten eindeutig besser umzugehen. Hervorzuheben ist Mattias Ekström, dem ein Blitzstart von seinem fünften Platz auf Rang zwei nach vorn gelingt. Noch besser macht es Markenkollege Edoardo Mortara, der gar an vier Autos vorbei auf den zwischenzeitlichen fünften Platz zieht. Nach der zweiten Rennrunde fahren mit Rockenfeller, Ekström, Tomczyk und Mortara vier Audi-Piloten an der Spitze. Bis zur elften Runde behauptet Rockenfeller seine Führung. Dann nimmt das Unglück seinen Lauf. Wegen abbauender Reifen, wie „Rocky" später erzählt, und eines Drehers wird er nach und nach von seinen Konkurrenten kassiert. Nach 88 Runden schlägt ein enttäuschender sechster Platz zu Buche.

Viel besser läuft es für Martin Tomczyk. Der Rosenheimer zeigt einmal mehr, dass er stets in der Lage ist, seine Leistung vom Qualifying zu toppen. Sieg, schnellste Rennrunde und Tabellenführung, da sein ärgster Konkurrent um den Titel 2011, Bruno Spengler, auf Platz sieben strandet.

Mattias Ekström sichert sich sein zweites Podestergebnis in Folge und macht die unterdurchschnittliche erste Saisonhälfte halbwegs vergessen. Ein ebenso großes Strahlen wie seine beiden Markenkollegen zeigt Rookie Edoardo Mortara auf dem Podium, der eben jenes zum ersten Mal in seiner noch kurzen DTM-Karriere besteigt. Rang drei für den Italiener.

4 Musikalische Unterhaltung mit Stil

5 Gemütliches Ambiente: Brands Hatch ist eine echte Naturstrecke

Runde 47: Mike Rockenfeller dreht sich nach einer Berührung mit Ralf Schumacher und verliert Platz sieben an seinen Landsmann

Martin Tomczyk lässt nach sieben Rennen Bestwerte schmelzen

REKORDLER

Wenn ein Pilot in der DTM mit einem Auto älteren Jahrgangs etwas Außergewöhnliches leistete, war dies stets eine Erwähnung wert. Bis 2011. Bis Martin Tomczyk die Technik Technik sein ließ und ungeachtet des Baujahres seines Audi A4 DTM Erfolge am laufenden Band feiert. Mit seinem Sieg in Brands Hatch – dem dritten der Saison – pulverisiert er nicht nur bisherige Bestmarken für „Jahreswagen"-Fahrer, sondern genießt auch sein ganz persönliches Superjahr. Bereits nach sieben Saisonrennen ist so mancher Rekordwert, den Tomczyk nach einer kompletten Saison aufgestellt hatte, gebrochen: die meisten Saisonsiege, die meisten Saisonpunkte, die meisten Saisonpodestplätze, die meisten Saison-Top-Fünf-Plätze. Ganz davon abgesehen, dass er auf dem besten Weg ist, DTM-Champion zu werden.

6.
5.
7.
3.

Er war Sechster, er war Fünfter, er war Siebter. Edoardo Mortara hat sich in dieser Saison langsam an das Podium herangetastet. In Brands Hatch platzt dann der Knoten. „Ein perfektes Rennen und ein fantastischer Start – einer dieser Starts, wie man sie vielleicht nur einmal in der Karriere schafft", so Mortara. Stimmt. Schon nach der ersten Runde ist er Fünfter, nach zwei Runden Vierter, in der 16. Runde überholt er Markenkollege Rockenfeller und hält den dritten Rang bis ins Ziel. Zur Erinnerung: „Edo" ist Serienneuling. Starke Leistung.

07 BRANDS HATCH

„Englisches Wetter"

VERFLIXT UND ZUGENÄHT

Wenn du Gary Paffett heißt und in der DTM startest, dann gehörst du automatisch zu den Titelkandidaten. Kein Wunder, denn du bist DTM-Champion 2005 und dreimaliger Gesamtzweiter der Jahre 2004, 2009 und 2010. Außerdem hast du zu diesem Zeitpunkt die meisten Siege aller aktiven DTM-Piloten gesammelt. Wenn du nach dem sechsten Rennen gerade einmal zehn Zählerchen – so viel wie ein einzelner Sieg wert ist – auf dem Punktekonto hast, dann verstehst du die Leute, die über dich sagen, du hättest einen Fehlstart hingelegt. Du reist zu deinem Heimrennen nach Brands Hatch. Wenigstens hier möchtest du deinen Fans etwas zeigen. Es lässt sich gut an: Du qualifizierst dich für den zweiten Startplatz. Auf trockener Strecke. Du bist im Warm-up, der Generalprobe für das Rennen, Schnellster. Auf trockener Strecke. Du fieberst dem Start im Rennen entgegen, du rechnest dir eine Siegchance aus. Doch dann kommt der Regen. Darauf warst du nicht vorbereitet. Du verpatzt den Start, findest dich nur noch auf Rang fünf wieder – im Ziel bist du Vierter. Wieder nichts. Die Saison ist für dich praktisch gelaufen. Ein schlechtes Jahr.

ENDLICH FREY

Was macht eigentlich Rahel Frey? Die Audi-Dame und Nachfolgerin von Katherine Legge genießt in ihrem ersten DTM-Jahr einen gewissen Welpenschutz. Sie schlägt sich bis hierhin aber tapfer. Die hübsche Schweizerin robbt sich Rennwochenende für Rennwochenende weiter an die Konkurrenz heran. In Brands Hatch erreicht sie mit Rang 15 ihren besten Startplatz des Jahres. Respekt. Der Regen im Rennen scheint Frey dann wirklich zu liegen. Bei einem Blick auf die Rundenzeitentabelle erkennt man, dass in ihr eine kleine „Regengöttin" schlummert. Zur Rennmitte hält sie in puncto Rundenzeiten durchaus mit den Fahrern aus dem gehobenen Mittelfeld mit. Am Ende belegt sie in der Rangliste der schnellsten Fahrer Rang neun. Auch in den Charts der Höchstgeschwindigkeiten belegt sie einen beachtenswerten zehnten Rang. Dass es am Ende nur zu Rang 17 reicht, erklärt uns Frey so: „Ich hatte einen schlechten Start, danach war ich leider Letzte. Ich konnte auf die Vorderleute aufschließen und Filipe (Albuquerque) überholen. Ich wollte noch an Susie (Stoddart) vorbei, habe mich aber weggedreht und war leider wieder hinten. Nach dem zweiten Stopp war ich zu schnell und rutschte ins Kiesbett."

07 BRANDS HATCH

RACE FACTS

Heimspiel für fünf Briten +++ Miguel Molina und Ralf Schumacher die Schnellsten in den Freien Trainings +++ Bruno Spengler wird wegen eines im Freien Training eingesetzten nicht gekennzeichneten Reifens in der Startaufstellung um zwei Plätze zurückversetzt +++ Der erste Quali-Durchgang wird wegen eines Ausrutschers von Filipe Albuquerque nach zwei Minuten abgebrochen +++ Alle Fahrer rücken in Q2 auf. Die verbliebenen neun Minuten aus Q1 werden addiert +++ Albuquerque nimmt nicht mehr teil +++ Mike Rockenfeller holt seine erste Pole-Position in seinem 48. DTM-Rennen +++ Wegen Regens werden zwei Einführungsrunden vor dem Rennen gefahren +++ Die Renndistanz wird um eine Runde auf 97 Runden verkürzt +++ Miguel Molina gibt wegen einer Kollision mit David Coulthard nach acht Runden auf +++ Christian Vietoris erhält eine Durchfahrtsstrafe wegen Überholens unter gelber Flagge +++ Das Rennen wird nach 75 Minuten Maximalzeit und damit neun Runden früher als angesetzt beendet +++ Martin Tomczyk siegt zum dritten Mal 2011 +++ Mattias Ekström mit zweitem Podestrang in Folge +++ Edoardo Mortara zum ersten Mal in den Top Drei +++ Spengler nur auf Rang sieben – Tomczyk übernimmt die Tabellenführung +++ Vietoris wird nach dem Rennen für sein Vergehen zusätzlich mit einer Rückversetzung um fünf Ränge in der Startaufstellung für Oschersleben bestraft

1 Wenn das mal kein packender Zweikampf unter Markenkollegen ist: Jamie Green gegen David Coulthard

2 Packen für den Urlaub? Nee, Feinjustierung des Fahrwerks

3 Fremdkörper: Mattias Ekström fährt eine Radkappe spazieren

Erleben Sie Motorsport **online** auf Motorsport-Total.com!

WEB:
Wer es „traditionell" mag:
www.Motorsport-Total.com

WAP:
Zu finden unter:
mobile.Motorsport-Total.com

APP:
Suchen Sie im AppStore mit dem Suchbegriff MST

Available on the iPhone App Store

*Quelle: AGOF internet facts 2011-4

Brandaktuelle News und Analysen · Spannende Hintergrundberichte · Exklusive Interviews

MOTORSPORT-TOTAL.COM

Deutschlands führendes Motorsport-Portal*

08 OSCHERSLEBEN

Showtime

Die DTM regnet sich ein. Schlecht für die Zuschauer auf den Tribünen – gut für die am Fernseher, die Zeuge des turbulentesten Rennens der Saison werden. Neben irren Aufholjagden und gewaltigen Positionsverlusten ist Mattias Ekström die einzige Konstante. Zweiter Saisonsieg für den Schweden. Bruno Spengler (kleines Foto) erlebt ein schwarzes Wochenende.

08 OSCHERSLEBEN

RENNBERICHT

Tomczyk erarbeitet sich den Matchball

Seit dem Rennen auf dem Lausitzring hat die Tabellenführung drei Mal zwischen Martin Tomczyk und Bruno Spengler hin- und hergewechselt. Die beiden liefern sich einen echten Schlagabtausch um den DTM-Titel 2011. Vor dem Rennen in Oschersleben führt Tomczyk mit einem Punkt. Beste Voraussetzungen, dass es spannend bleibt.

Das Zeittraining in der Magdeburger Börde liefert den Grundstock für den möglichen vierten Tausch am Platz an der Sonne. Spengler findet zu seiner alten Qualifying-Form zurück.

Zu Beginn der Saison noch vier Pole-Positions an fünf Wochenenden gesammelt, schwächelte der Vorjahresdritte auf dem Nürburgring und in Brands Hatch mit den Startplätzen vier und acht ein wenig. Jetzt Startplatz zwei. Und Tomczyk? „Wir haben vom Freien Training zum Qualifying etwas verändert. Das Auto hat sehr komisch reagiert und war schwer fahrbar." Startplatz 14. „Wir werden über Nacht arbeiten, um Schadensbegrenzung zu betreiben und im Rennen in die Punkte zu fahren." Es ist alles für einen großen Spengler-Sonntag bereitet.

Hinterbänkler einer DTM-Startaufstellung können eigentlich nicht viel machen. Die DTM ist so ausgeglichen, dass eine große Verbesserung fast unmöglich ist. Außer ... ja, außer, der Regen kommt. Und er kommt in Oschersleben. Die Chance für Tomczyk, Boden gutzumachen. Ein Graus für Spengler, der sich lieber ein geregeltes, unspektakuläres, langweiliges Rennen gewünscht hätte.

Aber das Rennen wird alles andere als langweilig. Kuddelmuddel schon beim Start. Verbremser Molina, Dreher Scheider – die

1 O'zapft is: Timo Scheider und Martin Tomczyk huldigen dem Start des Münchener Oktoberfestes

2 Rahel Frey holt mit Rang zwölf in der Börde ihr bestes Saisonergebnis

3 Maro Engel trotzt dem Regen in Oschersleben und schwimmt auf Platz sieben

Reihenfolge nach der ersten Runde: Spengler, Ekström, Molina, Schumacher, Jarvis, Tomczyk. Tomczyk? Wie kann man denn acht Plätze in einer einzigen Runde gutmachen? Tomczyk kann. Runde drei: Jarvis verbremst sich. Tomczyk ist Fünfter. Runde zehn: Schumacher dreht sich. Tomczyk ist Vierter. Nach der Phase der ersten Boxenstopps hat er kampflos Rang drei geentert.

Nach zwei Dritteln der Renndauer folgt das Drama um Bruno Spengler. Probleme vorn rechts. Er fährt an die Box. Der Stopp dauert 30 Sekunden. Er kommt auf die Strecke zurück. Tomczyk erbt Rang zwei. Das Problem bei Spengler scheint nicht behoben. Das Auto liegt extrem unruhig auf der Strecke. Konkurrent um Konkurrent zieht an ihm vorbei. Er ist raus aus den Punkterängen – und gibt auf. Tomczyk wird hinter dem souveränen Ekström Zweiter und ist Titelfavorit Nummer eins.

Fünf Fahrerinnen und Fahrer werden in Oschersleben nicht gewertet. Das sind die meisten Ausfälle dieses Jahres

4 Timo Scheider aus der Spur: Der zweimalige Champion bleibt punktlos

5 Gary Paffett macht von Startplatz 18 bis ins Ziel 14 Ränge gut

6 Schweigeminute für den eine Woche zuvor verstorbenen ehemaligen DTM-Piloten Christian Bakkerud

Weg war er

Die DTM wird allgemein als sehr eng bezeichnet. Gemeint sind die engen Zeitabstände zwischen den Fahrern, zum Beispiel im Zeittraining. Mit zwei Zehntelsekunden weniger kann man schon mal ein paar Ränge weiter hinten in der Startaufstellung landen. Im Rennen sind Abstände von zwei bis zehn Sekunden zwischen Sieger und Zweitplatziertem üblich. Aber nicht zu Zeiten eines Mattias Ekström im Endspurt der Saison 2011. Der Schwede demontiert seine Konkurrenten nach Belieben. Der Höhepunkt: in Oschersleben. „Eki" überquert die Ziellinie mit dem größten Vorsprung der „neuen DTM": 42,167 Sekunden vor Martin Tomczyk. Nur noch ein Sieger fuhr in der DTM-Historie einen größeren Vorsprung heraus: Winfried Vogt lag 1985 in Mainz-Finthen 51,96 Sekunden vor Per Stureson.

Plätzlein, wechsle dich

Christian Vietoris empfahl sich über die Formel 3 Euro Serie und die GP2-Serie für die DTM

Anhand des Rennverlaufs von Christian Vietoris lässt sich prima in Zahlen belegen, wie verrückt dieses Rennen in Oschersleben war. Der deutsche DTM-Neuling startete von Platz 17 und schnappte sich im Ziel für den fünften Rang seine ersten DTM-Zähler. Zwölf Ränge gutgemacht. Das geht nicht einfach so – das geht nur im Regen. Und davon gab es reichlich in Oschersleben. Vietoris: „Der Regen kam mir entgegen, denn ich mag es, unter so schwierigen Bedingungen zu fahren." Im Schnitt haben sich die 13 Fahrer, die gewertet wurden, um sagenhafte 6,7 Ränge verändert – nach hinten und nach vorn. Von den bisherigen acht Saisonrennen war nach diesem Kriterium der Saison-Auftakt in Hockenheim mit 3,4 Positionsverschiebungen je Fahrer das „zweitspannendste". Es folgen Spielberg, Brands Hatch, Lausitzring, Zandvoort, Norisring und abgeschlagen der Nürburgring mit 2,5 Verschiebungen je gewertetem Fahrer.

Drama, Baby

Für die Zuschauer an der Strecke und an den TV-Geräten war es ein echtes Drama – im Sinne von Spannung und Spektakel. Für DTM-Pilot Bruno Spengler war es auch ein Drama – im Sinne eines Rückschlages im Titelkampf. Vor dem Rennen lag er nur ein Zählerchen hinter Martin Tomczyk zurück. Nachher sind es neun. Was war passiert? Im Zeittraining läuft es noch bestens: Startplatz zwei für Spengler, Rang 14 für Tomczyk. Auf Rang zwei liegend dann das Drama für Spengler in Runde 29. Er meldet per Funk: Probleme vorn rechts nach Überfahren der Randsteine in der Schikane. Boxenstopp, keine Reparaturchance – vermutet wird ein defekter Stoßdämpfer. Aufgabe drei Runden vor Schluss. Während Tomczyk Rang zwei feiert, gibt sich Spengler tapfer: „Das ist schade, aber kein Weltuntergang."

Fehlerteufel

In jedem DTM-Jahr gibt es einen großen Überraschungsfahrer, von dem man nach der Saison sagt: Das hätte man so nicht erwartet. Dieser Fahrer war im vergangenen Jahr Miguel Molina. Der spanische Serienneuling war auf Anhieb eine Macht beim Kampf gegen die Uhr. In acht von elf Rennen qualifizierte er sich mindestens für die vierte Startreihe. Auch im Rennen lief es super: fünf Punkte-Ergebnisse. In der Gesamtabrechnung belegte Molina den zehnten Rang. Logisch, dass ihn Audi-Motorsportchef Dr. Wolfgang Ullrich für eine weitere Saison verpflichtete. Und wie so häufig bewahrheitete sich mal wieder: Nach oben zu kommen, ist nicht so schwierig, oben zu bleiben, dafür umso mehr. In den Zeittrainings lieferte Molina 2011 immer noch passable Leistungen ab. Diese konnte er in den Rennen aber nie in Punkte ummünzen. In Oschersleben dann die Großchance: Pole-Position. Die erste seiner Karriere. Aber auch diese vergibt er. Nur Rang acht im Rennen. Warum? Molina: „Ich habe zu viele Fehler gemacht." Einsicht ist der erste Weg zur Besserung.

DA SIND WIR

BMW hatte beim Show-Event in München sein M3-Konzeptauto vorgestellt und damit einen ersten Eindruck für die Boliden 2012 gegeben. Auf der Internationalen Automobil-Ausstellung (IAA) zogen Audi und Mercedes-Benz nach, Letzterer wurde von den F1-Piloten Nico Rosberg und Michael Schumacher enthüllt. Erstmals trafen Audi, BMW und Mercedes bei Testfahrten auf dem Lausitzring aufeinander. Zuvor hatte Martin Tomczyk den ersten Roll-out für Audi absolviert (Foto unten). In Mercedes-Diensten wurde diese Ehre Gary Paffett zuteil, der das DTM AMG Mercedes C-Coupé (Foto oben) als Erster fahren durfte. Spektakulärer, sicherer und kostengünstiger sollten die Autos werden. Spektakulärer? Ohne Zweifel optische Leckerbissen. Sicherer? Mehr als 50 sicherheitsrelevante Bauteile sind für alle Marken gleich. Kostengünstiger? Auf 40 Prozent taxiert Audi-Motorsportchef Dr. Wolfgang Ullrich die Ersparnis bei der Entwicklung der neuen Autogeneration.

08 OSCHERSLEBEN

1 Wie schon gesagt – ein turbulentes Rennen. Mike Rockenfeller, Filipe Albuquerque und Martin Tomczyk verlieren bei Kollisionen ihre Motorhauben. Fahren geht trotzdem

2 An den Tagen vor dem Rennen genießen die Piloten auf und die Fans an der Strecke noch schönsten Sonnenschein in der Börde

RACE FACTS

Ralf Schumacher und David Coulthard entgehen ihrer am Nürburgring ausgesprochenen Bewährungsstrafe, weil sie sich in Brands Hatch nichts zu Schulden haben kommen lassen +++ Filipe Albuquerque in beiden Freien Trainings vorn +++ Gary Paffett fährt im ersten Quali-Durchgang wegen Problemen an der Motorsteuerung keine gezeitete Runde +++ Paffett wird nach dem Zeittraining wegen Verstoßes seines Teams gegen die Parc-Fermé-Regeln ans Ende der Startaufstellung versetzt +++ Tabellenführer Martin Tomczyk scheidet ebenfalls in Q1 aus +++ Miguel Molina feiert seine erste Pole-Position im 19. DTM-Rennen +++ Christian Vietoris wird wegen Überholens unter gelber Flagge in Brands Hatch um fünf Plätze in der Startaufstellung nach hinten versetzt +++ Wegen Regens werden zwei Einführungsrunden vor dem Rennen gefahren +++ Die Renndistanz wird um eine Runde auf 49 Runden verkürzt +++ Ausrutscher ins Kiesbett von Susie Stoddart nach zwei und von Renger van der Zande nach sechs Runden +++ Ralf Schumacher kollidiert mit Filipe Albuquerque. Das Aus nach neun Runden +++ Albuquerque scheidet nach elf Runden wegen Crashfolgen aus +++ Tomczyk verliert in der 17. Runde seine Motorhaube +++ Timo Scheider gibt nach 25 Runden mit Kühlerschaden auf +++ Bruno Spengler meldet in der 29. Runde einen technischen Defekt, fährt anschließend eine bis drei Sekunden langsamer und beendet das Rennen nach 42 von 45 Runden +++ Das Rennen wird nach 75 Minuten Maximalzeit und damit vier Runden früher als angesetzt beendet +++ Mattias Ekström feiert seinen zweiten Saisonsieg – seinen 16. insgesamt +++ Tomczyk baut mit Rang zwei seine Tabellenführung vor Spengler auf neun Punkte aus +++ Edoardo Mortara mit dem zweiten dritten Rang in Folge +++ Paffett fährt von Startplatz 18 auf Rang vier nach vorn +++ Vietoris macht zwölf Plätze gut und sammelt auf Rang fünf seine ersten DTM-Punkte +++ Molina holt ersten Saisonpunkt auf Rang acht +++ Schumacher wird nach dem Rennen wegen eines gefährlichen Manövers (beim Zurückfahren auf die Strecke nach einem Dreher) mit einer Rückversetzung um drei Ränge in der Startaufstellung für Valencia bestraft

Motorsport Arena

DTM *in der* Motorsport Arena Oschersleben

Tickets sichern unter www.motorsportarena.com oder 01805 / 920 506 (0,14 Euro/min aus dem dt. Festnetz, Mobilfunk max. 0,42 Euro/min)

Die DTM auf Deutschlands nördlichster Rennstrecke erleben.

14. – 16.09.2012

Sei ein Teil davon!

ABENTEUER, FREIZEIT und MOTORSPORT in der ERLEBNIS ARENA OSCHERSLEBEN

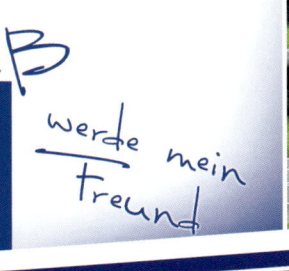

Arena Rennstrauß – werde mein Freund!

facebook

Die Event-Abteilung der Motorsport Arena bietet Ihnen Rennstrecken-, Fahrsicherheits- und Motorradtrainings, Outdoor-Kartfahren, Renntaxifahrten sowie Formel- und Tourenwagenlehrgänge an. Egal ob im Renntourenwagen, im Formel-Boliden, Kart oder aber mit Ihrem eigenen Fahrzeug. Ob Anfänger oder Fortgeschrittener, es ist garantiert für jeden etwas passendes dabei.

Kontakt: 03949 920-0

Einsteigen und Adrenalin pur spüren! Diese Erlebnisbausteine können Sie alleine oder exklusiv mit Ihren Freunden als Gruppe buchen. Ein unvergessliches Erlebnis - versprochen!

www.motorsportarena.com

Deutsche Post
Hankook
Hankook
ADAC
Hankook
Audi Sport
Red Bull
ADAC
Hankook
Audi Sport
TV Movie
Red Bull
M. Ekström
F. Albuquerque

09 VALENCIA

Meisterlich

Audi-Strahlemänner in Spanien, von links: Filipe Albuquerque, bestes Rookie-Einzelergebnis der Saison. Mattias Ekström, Sieger und bester Fahrer der zweiten Saisonhälfte. Martin Tomczyk, frisch gebackener DTM-Champion 2011. Hans Jürgen Abt, Teamchef des aktuell besten Teams der Saison. Mercedes-Strahlemänner mit bedingter Halbwertszeit (kleines Foto): David Coulthard und Renger van der Zande sorgen für ein Regel-Kuddelmuddel

1 Da oben hätte ich hingewollt. Bruno Spengler verpasst den Titel wie schon 2010 knapp

2 Miguel Molina erreicht vor heimischem Publikum sein bis dato bestes Saisonresultat

RACE FACTS

Miguel Molina bei seinem Heimspiel in beiden Freien Trainings und im Warm-up Schnellster +++ Der zweite Quali-Durchgang wird wegen eines Ausrutschers von Edoardo Mortara abgebrochen +++ Alle Fahrer rücken in Q3 auf. Die verbliebenen sechs Minuten aus Q2 werden addiert +++ Mortara nimmt nicht mehr teil +++ Die Titelkandidaten Martin Tomczyk und Bruno Spengler stranden auf den Startplätzen elf und 13 +++ Mattias Ekström feiert seine insgesamt 18. DTM-Pole-Position – die zweite der Saison +++ Startplatz zwei für Filipe Albuquerque – sein bester in der DTM +++ Renger van der Zande wird wegen eines illegalen Reifensatzes die Zeit aus Q4 gestrichen. Rückfall auf Startplatz vier +++ An Coulthards und van der Zandes Autos werden Abweichungen zur Homologation an den Heckflügeln festgestellt. Ausschluss vom Zeittraining. Sie dürfen allerdings von den Plätzen 17 und 18 starten +++ Mücke Motorsport und Persson Motorsport kündigen Berufung gegen die Bestrafungen an. Durch die aufschiebende Wirkung starten Coulthard und van der Zande nun doch von den Rängen drei und vier +++ Ralf Schumacher wird wegen eines gefährlichen Manövers in Oschersleben in der Startaufstellung für Valencia um drei Plätze zurückversetzt +++ Mortara beendet Rennen wegen technischen Defekts vorzeitig +++ Ekström holt seinen dritten Saisonsieg – den 17. insgesamt +++ Albuquerque Zweiter – sein bester DTM-Zieleinlauf +++ Tomczyk auf Rang drei Champion 2011, da Spengler nur Siebter wird +++ Coulthard und van der Zande überqueren die Ziellinie zwar als Fünfter und Sechster, werden aber nicht gewertet +++ Da Mücke und Persson die Berufung nach dem Wochenende nicht weiterverfolgen, hat der Rennausschluss Bestand. Aus Zeittraining und Startaufstellung werden sie ebenfalls komplett ausgeschlossen. Nachfolgende Fahrer rücken entsprechend auf

3 Fotograf auf Asphalthöhe: Rahel Frey aufgebockt

4 Martin Tomczyks Verlobte Christina Surer ist nach dem Titelgewinn ihres „Schatzes" die Erleichterung anzusehen

RENNBERICHT

Tomczyk schwebt weich gebettet zum Titel

Knapp 30 Grad Celsius in Valencia. Es ist ein heißes Wochenende. Potenzial für ein heißes Renngeschehen ist ebenfalls vorhanden. Eine Titelentscheidung liegt in der Luft. Martin Tomczyk kommt bei noch zwei ausstehenden Rennen mit einem Polster von neun Punkten vor Bruno Spengler nach Spanien. Vereinfacht gesagt: Er muss zwei Zähler mehr holen, um Champion zu werden.

Nach dem wegen Edoardo Mortaras Abflug abgebrochenen zweiten Qualifyingdurchgang kämpfen in Q3 13 Fahrer um den Einzug in die nervenkitzelnde vierte Session. Der Asphalt hat sich auf 40 Grad aufgeheizt. Schwerstarbeit für die Fahrer, zu viel für so manchen Reifensatz. Einer der Leidtragenden ist Titelkandidat Spengler, der nur auf Rang 13 fährt. Seinem Kontrahenten Martin Tomczyk ergeht es mit Platz elf nicht viel besser. Die Favoriten straucheln. Dafür tummeln sich auf den ersten vier Rängen um so überraschendere Namen. Mattias Ekström – das war klar. Aber Filipe Albuquerque, David Coulthard und Renger van der Zande hat man dort nicht erwartet. Im Finaldurchgang setzt sich Ekström durch. Nach dem Zeittraining gibt es hinter den Kulissen Aufregung. Dazu mehr auf Seite 99. Vorteil Tomczyk: In den vorderen Reihen stehen viele seiner Markenkollegen.

Das Rennen startet. Nach der ersten Runde ist Tomczyk schon Sechster. Mal wieder ein Bomben-Start des Phoenix-Piloten. Spengler ist Zehnter. Das würde schon reichen. Dank zweier perfekter Boxenstopps geht es für Tomczyk bis auf Platz drei nach vorn – flankiert von massig Marken-Kumpanen. Spengler muss sich hinter einem Audi-Sextett auf Rang sieben einordnen. Sechs Punkte Tomczyk – zwei Spengler. 64:51 Punkte. Das Titelduell ist entschieden. Der neue DTM-Champion heißt Martin Tomczyk. Seinen dritten Saisonsieg feiert Mattias Ekström. Filipe Albuquerque gelingt sein bestes Resultat in der noch jungen DTM-Karriere: Rang zwei. Die erwähnte Aufregung findet nach dem Rennen eine Fortsetzung.

Der Überflieger der zweiten Saisonhälfte, Mattias Ekström, führt das Feld in die erste Kurve

Goldene Zeiten

Mattias Ekström (Foto) siegt in Valencia. Sein dritter Triumph in dieser Saison. Die Dominanz des Schweden in der zweiten Saisonhälfte ist fast schon erdrückend. Was wirklich Seltenheitswert hat: Hinter Ekström reihen sich mit Filipe Albuquerque, Martin Tomczyk, Timo Scheider, Miguel Molina und Oliver Jarvis fünf weitere Audi-Markenkollegen ein. Ein Sechsfachsieg. Trotz nur zweier Hersteller eine echte Rarität. Gab es in der DTM bisher erst zwei Mal. 2001 beim Hockenheim-Auftakt hatten Abt-Audi und Opel der geballten Mercedes-Power nichts entgegenzusetzen. Bernd Schneider führte ein Sterne-Sextett an. 2007 in Barcelona waren die Umstände für den Mercedes-Sechsfachsieg schon kurioser. Wer erinnert sich? Richtig, Audi-Motorsportchef Dr. Wolfgang Ullrich war der Meinung, seine Titelaspiranten Mattias Ekström und Martin Tomczyk seien von den Mercedes-Konkurrenten zu hart angegangen worden. Die drastische Reaktion: Rückzug aller Fahrer aus dem Rennen. Auf ähnlich ungewöhnliche Weise rangiert auch in Valencia 2011 das Audi-Sextett an der Spitze. Die Erklärung lesen Sie rechts oben.

Der Moment des Glücks

Zieldurchfahrt, Platz drei, Champion 2011. Tomczyk spricht: „Meine Emotionen in Worte zu fassen, ist schwer. Es ist auf jeden Fall ein sehr schönes Gefühl, DTM-Champion zu sein. Man muss es erst erreicht haben, um zu realisieren, dass man es ist. Elf Jahre DTM mit viel auf und ab, und im elften Jahr hat es gemeinsam mit dem Team Phoenix geklappt, Meister zu werden. Es war eine fantastische Saison und es hat verdammt viel Spaß gemacht, dieses Auto zu fahren und mit diesem Team zusammenzuarbeiten. Den Titel habe nicht nur ich verdient, sondern vor allem auch das Audi Sport Team Phoenix. Aber auch Abt und Rosberg haben ihren Anteil an dieser Gesamtleistung von Audi. Ich denke, dass wir uns die eine oder andere Feier verdient haben."

Raus, doch dabei, aber nicht richtig, dann gar nicht mehr

Über Renger van der Zande (Foto) gab es noch nicht viel zu berichten. Der fünfte Neuling im Bunde zeigte bis hierher solide, aber punktlose Leistungen. Dann in Valencia der Knall: zweite Startreihe. Neben Mercedes-Kollege David Coulthard. Genauso überraschend. Was der Fan vor Ort nicht mitbekam – vom Qualifying-Ende bis zum Dienstag nach Valencia spielte sich ein Reglement-Drama ab. Und das ging so: An beiden C-Klassen werden nach dem Zeittraining zur Homologation abweichende Heckflügel festgestellt. Das bedeutet: Ausschluss vom Zeittraining. Die beiden dürfen dennoch aus der letzten Reihe starten. Deren Teams Mücke Motorsport und Persson Motorsport kündigen Berufung gegen die Strafen an. Durch die aufschiebende Wirkung starten ihre Fahrer nun doch aus der zweiten Reihe. Sie überqueren die Ziellinie als Fünfter und Sechster, werden aber nicht gewertet. Im offiziellen Ergebnis tauchen sie als „excluded", also ausgeschlossen, auf. Da Mücke und Persson die Berufung nach dem Wochenende nicht innerhalb der gesetzten 48-Stunden-Frist verfolgen, hat der Rennausschluss Bestand. Aus Zeittraining und Startaufstellung werden sie ebenfalls komplett ausgeschlossen. Nachfolgende Fahrer rücken entsprechend auf. So nervenaufreibend, wie sich das hier liest, war es auch.

Lichtblick

In der vergangenen Saison erlebte Susie Stoddart noch ihr erfolgreichstes DTM-Jahr seit Zugehörigkeit: zwei siebte Plätze, ergo vier Punkte nach vier Jahren des Dürstens nach Zählbarem. Würde die Mercedes-Dame 2011 noch einen drauflegen? Nein. Stoddart gelingt in den acht Zeittrainings bis Valencia nur zwei Mal der Sprung ins zweite Segment. In den Rennen kommt sie nicht über Rang zwölf hinaus. Auch in Spanien – eine Enttäuschung: letzter Startplatz. Aber dann: Stoddart arbeitet sich bis auf Rang elf vor. Bestes Resultat. Was noch mehr wert ist: Sie belegt in der Rangliste der Fahrer, sortiert nach den jeweils schnellsten Rennrunden, den sechsten Rang. Stoddart nach dem Rennen: „Ich habe das Maximum aus der C-Klasse herausgeholt."

II – WIE ZWEITER

Filipe Albuquerque zeigt es auf dem Foto an: zwei Finger für den zweiten Rang. Und zwar gleich zwei Mal. Bisher schlug bei dem Portugiesen in Sachen bester Startplatz der achte Rang vom Lausitzring zu Buche. Im Rennen reichte es dank Rang acht zu einem Zählerchen. In Valencia dann der große Durchbruch: Im Zeittraining zieht er ebenso überraschend wie die später ausgeschlossenen David Coulthard und Renger van der Zande in das vierte Segment ein. Er habe einige Fehler in der entscheidenden letzten Runde gemacht, sagt er später in die Mikros der Journalisten. Deswegen sei er über das Ergebnis überrascht gewesen. Sogar als „sensationell" bezeichnet der 26-Jährige seinen Startplatz zwei. In dem ereignisarmen Rennen gelingt es Albuquerque dann, im Audi-Sechser-Zug seine Position zu halten. 18 Sekunden nach Sieger Mattias Ekström und 15 vor Champion Martin Tomczyk überquert er die Ziellinie. „Nach vorn und nach hinten Luft – so hatte ich mir das vorgestellt", so Albuquerque nach dem Rennen. Damit hat er von allen fünf Neulingen das beste Einzelergebnis eingefahren.

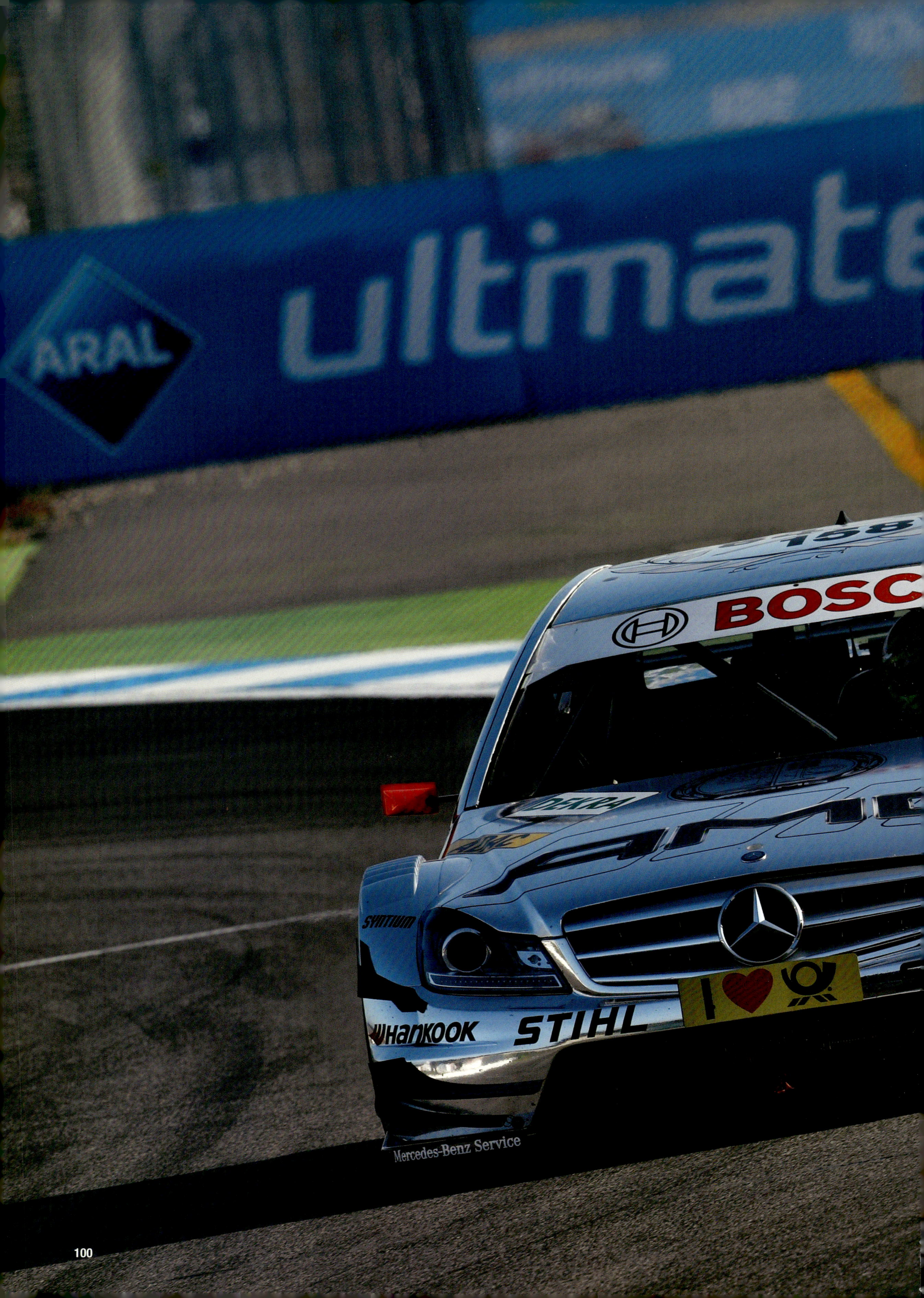
ARAL
STIHL
Hankook
Mercedes-Benz Service

10 FINALE HOCKENHEIM

Der letzte Vorhang fällt

In Hockenheim geht das sechsjährige DTM-Schauspiel Audi gegen Mercedes-Benz zu Ende. Die Darsteller des letzten Aktes: Jamie Green, der über seinen ersten Saisonsieg frohlockt. Martin Tomczyk (kleines Foto), der als Champion 2011 Standing Ovations kassiert. Und die neuen DTM-Boliden, die auf Demorunden schon einen Vorgeschmack auf den Spielplan 2012 mit drei Herstellern geben

RENNBERICHT

Green triumphiert beim großen Schaulaufen

Die ganz große Entscheidung in der DTM-Saison 2011 ist schon gefallen. Seit dem vergangenen Rennen in Valencia steht Martin Tomczyk als Sensations-Titelträger fest. Was bleibt also noch beim Finale in Hockenheim? Bruno Spengler und Mattias Ekström machen den prestigeträchtigen zweiten Gesamtrang unter sich aus, die Entscheidung in der Teammeisterschaft ist noch offen und natürlich ist noch ein Sieg bei einem DTM-Rennen zu vergeben. Das sollte Anreiz genug für jeden Fahrer sein.

Schon im Qualifying zeigt sich: Ein paar Fahrer haben sich noch einmal richtig etwas vorgenommen. Miguel Molina schafft sich erneut eine perfekte Ausgangsposition für seinen möglichen ersten DTM-Sieg: zweite Pole-Position nach Oschersleben. In der Magdeburger Börde reichte es für den Spanier nur zu Rang acht im Rennen. Neben Molina in der ersten Startreihe: Jamie Green. Eine gute Möglichkeit für den in der Gesamtwertung sechstplatzierten Briten, seine durchschnittliche zu einer guten Saison zu veredeln. Champion Martin Tomczyk teilt sich die dritte Startreihe mit Mike Rockenfeller. „Rocky" und sein formstarker Teamkollege von Abt Sportsline Mattias Ekström – Startplatz zehn in Hockenheim – wollen ihren Vorsprung von fünf Zählern in der Teamwertung gegen das HWA-Duo Bruno Spengler, Startplatz sechs, und Gary Paffett, Startplatz sieben, verteidigen.

Die Geschichte des Rennens ist schnell erzählt. Die von den ersten zehn Rängen gestarteten Fahrer kommen auch auf den ersten zehn Plätzen im Ziel an – in leicht veränderter Reihenfolge. Jamie Green feiert dank eines furiosen Starts seinen siebten DTM-Sieg. Auch Martin Tomczyk macht beim Start einen Platz gut und hält seinen zweiten Rang bis ins Ziel. Leidtragender ist Miguel Molina, der weiterhin auf DTM-Sieg Nummer eins warten muss. Großer Trost: Dank seines dritten Ranges klettert der beste Neuling des Vorjahres erstmals auf ein DTM-Treppchen. Größter Gewinner des Zehner-Pakets ist Mattias Ekström, der vier Ränge gutmacht und mit den drei Zählern für Rang sechs in der Gesamtwertung an Bruno Spengler vorbeizieht. Spengler wird nach toller Saison wie schon 2010 am Ende nur Gesamtdritter. Mike Rockenfeller verteidigt Rang vier und beschert Abt Sportsline zusammen mit Mattias Ekström die Teammeisterschaft.

Enger Dreikampf beim Start in Hockenheim: Jamie Green, Martin Tomczyk und Miguel Molina (von links)

1 Champion trifft Champion: Martin Tomczyk am Samstag auf Stippvisite bei der Vettel-Party in Heppenheim

2 Bruno Spengler kommt nicht über Rang neun hinaus und wird am Ende nur Gesamtdritter

3 Viel Prominenz beim DTM-Saisonfinale. Auch Deutsch-Rapper Smudo (links) gibt sich die Ehre

10 FINALE HOCKENHEIM

4 Die Macher der DTM 2012, Vorstand und Beirat des ITR e.V., von links: Jürgen Pippig, Dr. Wolfgang Ullrich, Walter Mertes, Norbert Haug, Hans Werner Aufrecht, Jens Marquardt, Dr. Thomas Betzler und Hans-Jürgen Abt

5 Noch einen letzten Ausblick genießen, dann sind auch die Grid-Girls in der Winterpause

Ehrlicher Arbeiter

Im Fußball gibt es den Begriff des ehrlichen Arbeiters. Damit ist ein Spieler gemeint, der stets seine Leistung abruft, gern auch mal für Teamkollegen in die Bresche springt und die Drecksarbeit übernimmt. Er sticht selten aus der Masse heraus – positiv wie negativ. Trotzdem wissen alle, was sie an ihm haben. In der DTM treffen diese Attribute auf Jamie Green zu. Der Brite stellt sich seit seinem DTM-Debüt immer in den Dienst seines Arbeitgebers Mercedes-Benz. Auch seine vorübergehende Degradierung von HWA zu Persson steckt er sportlich fair weg und bringt weiterhin Ergebnisse. Negative Aussetzer leistet sich Green fast nie. Für positive ist er immer mal wieder gut. Unvergessen seine drei Siege in Serie am Norisring. Eine kleine Statistik zur Untermauerung seines Stellenwertes für die DTM: Von den aktuellen Piloten ist Green der viertkonstanteste Punkter. Bei seinen 73 Rennen brachte er 51 Mal Zählbares mit nach Hause. Das entspricht einer Quote von 70 Prozent. Nur Mattias Ekström (78), Bruno Spengler (74) und Gary Paffett (71) sind in dieser Hinsicht noch besser. In Hockenheim reißt Green mal wieder nach oben aus: erster Saisonsieg von Startplatz zwei. Zu einer Saisonphase der Audi-Dominanz.

Besser als „Mr. DTM"

In Valencia schon auf dem Papier, jetzt auch offiziell: Martin Tomczyk ist DTM-Champion 2011. Der große DTM-Pokal bekommt zu Hause in Aesch in der Schweiz einen Ehrenplatz – gleich neben dem Pokal für seinen ersten Sieg in Barcelona 2006. Zu seinen persönlichen Rekorden gesellt sich nach seinem zweiten Platz in Hockenheim noch dieser Bestwert für die Ewigkeit hinzu: in allen Rennen gepunktet – das haben vor Tomczyk schon andere geschafft. Aber dabei nie schlechter als Fünfter zu werden – das gelang neben Tomczyk nur DTM-Rekordchampion Bernd Schneider im Jahr 2006. Aber: Tomczyk holte in seiner Meister-Saison 2011 genau ein Zählerchen mehr als „Mr. DTM" vor fünf Jahren. 72 gegenüber 71 Punkten. Und man kann es nicht häufig genug wiederholen: Er fuhr ein Auto älteren Jahrgangs. Der Champion hat das Wort: „Es war toll, das Jahr auf dem Podium zu beenden und so in die Winterpause zu gehen. Danke an alle im Audi Sport Team Phoenix und bei Audi, die mich unterstützt haben. Es war eine grandiose Saison." Dem ist nichts hinzuzufügen.

Lebendiger DENN JE

Nach dem Ausstieg von Opel am Ende der Saison 2005 wurde so manche Stimme laut, die vermutete, dass die DTM möglicherweise vor dem Ende stehen würde. Nur noch zwei Hersteller in einer Rennserie. Wie lange sollte das schon gutgehen? Es ging gut. Und wie. Zwischen den

Glück in der Liebe
und auf der Rennstrecke

Wolff? Wer ist denn dieser Wolff? Hat ein Team für das Saisonfinale einen Fahrer ausgetauscht? Nein, Wolff ist doch die Susie. Susie Wolff. Ehemals Stoddart. Sie hat zwischen den Rennen in Valencia und Hockenheim ihren Verlobten Christian „Toto" Wolff geheiratet und dessen Namen angenommen. Die Schottin scheint die Euphorie über den Eintritt in einen neuen Lebensabschnitt in positive Energie auf der Rennstrecke umgewandelt zu haben. Zwar fällt sie beim Saisonfinale – auch wegen einer Durchfahrtsstrafe – von Startplatz 15 auf Rang 17 im Ziel zurück, taucht aber wie schon in Valencia in den Top Ten der Piloten, sortiert nach den schnellsten Rennrunden, auf. Dieses Mal belegt sie sogar Rang fünf. Ein rasanter Saisonabschluss.

Jahren 2006 und 2011 haben die Fans der populärsten internationalen Tourenwagenserie Motorsport auf höchstem Niveau gesehen: der fünfte und letzte Titelgewinn von Rekord-Champion Bernd Schneider 2006, die dreijährige Rekord-Titelserie für Audi durch Mattias Ekström und zwei Mal Timo Scheider, die Aufholjagd von Paul Di Resta 2010 und die Krönung 2011 mit dem Überraschungs-Champion Martin Tomczyk. Klar – es gab in so manchem Rennen von Taktik geprägte Rennmanöver, in denen man dachte „Mit einem dritten Hersteller wäre das nicht möglich gewesen", aber die positiven Erinnerungen an die vergangenen sechs Jahre Hersteller-Duell Audi gegen Mercedes-Benz überwiegen. Und nun ist er wieder da – der dritte Hersteller. Allein das Comeback von BMW 2012 wäre schon Anlass genug zu überschwänglicher Vorfreude. Es geht aber noch besser: Das Hersteller-Trio rückt mit neuen Autos an. Die Ära Technik-Einfrierung ist ebenfalls beendet. In Hockenheim konnten die Fans erstmals einen Blick auf die unverhüllten Coupé-Boliden riskieren. Sind sie nicht schön? Audi A5 DTM, BMW M3 Coupé, DTM AMG Mercedes C-Coupé – die DTM der Zukunft hat schon begonnen.

10 FINALE HOCKENHEIM

1 Kalt war es. Ralf Schumacher mit dicker Daunenjacke in Hockenheim
2 Miguel Molina zeigt es an: zweite Pole-Position der DTM-Karriere
3 Der Mann der zweiten Saisonhälfte: Mattias Ekström wird noch Gesamtzweiter

RACE FACTS

Hockenheim nach einem Jahr Pause wieder DTM-Saisonfinale +++ Susie Wolff (ehemals Stoddart) startet nach Heirat mit neuem Namen +++ Martin Tomczyk und Timo Scheider in den Freien Trainings vorn +++ Miguel Molina holt sich seine zweite Pole-Position des Jahres und die zweite seiner DTM-Karriere +++ Jamie Green auf P2 zum vierten Mal 2011 in der ersten Startreihe +++ Champion Tomczyk auf Startplatz drei +++ Rahel Frey erhält im Rennen eine Durchfahrtsstrafe wegen Frühstarts +++ Am Auto von Christian Vietoris ist das rechte Vorderrad lose – Rennende +++ Susie Wolff erhält eine Durchfahrtsstrafe wegen Gefährdung eines Konkurrenten in der Boxengasse nach dem Boxenstopp +++ Jamie Green feiert seinen ersten Saisonsieg – seinen siebten insgesamt +++ Tomczyk Zweiter – achtes Podestergebnis 2011 und einziger Fahrer, der immer gepunktet hat +++ Molina erstmals in der DTM auf dem Podium: Platz drei +++ Mattias Ekström fängt mit Rang sechs noch Bruno Spengler, der Neunter wird, vom zweiten Gesamtrang ab +++ Das Audi Sport Team Abt Sportsline gewinnt mit der Fahrerpaarung Ekström und Mike Rockenfeller die Teamwertung

STATISTIK

01 DTM Hockenheim (D)

29.04.–01.05.2011 · Wetter sonnig, 23,0 Grad · Streckenlänge 4,574 km · Distanz 38 Runden = 173,812 km · Zuschauer 58.000

Rennen

Pl.	Nr.	Fahrer (Nation)	Team	Fahrzeug	Jahrgang	Bewerber	Rd.	Zeit/Ausfallgrund	Schn. Runde	Pl.
1.	3	Bruno Spengler (CDN)	HWA	AMG Mercedes C-Klasse	2009	Mercedes-Benz Bank AMG	38	1:03.07,244	1.35,230	(1.)
2.	8	Mattias Ekström (S)	Abt	Audi A4 DTM	2009	Audi Sport Team Abt Sportsline	38	+ 3,696	1.35,281	(2.)
3.	6	Ralf Schumacher (D)	HWA	AMG Mercedes C-Klasse	2009	Salzgitter AMG Mercedes	38	+ 3,883	1.35,516	(5.)
4.	4	Timo Scheider (D)	Abt	Audi A4 DTM	2009	Audi Sport Team Abt	38	+ 4,585	1.35,552	(6.)
5.	14	Martin Tomczyk (D)	Phoenix	Audi A4 DTM	2008	Audi Sport Team Phoenix	38	+ 5,256	1.35,418	(4.)
6.	2	Gary Paffett (GB)	HWA	AMG Mercedes C-Klasse	2009	THOMAS SABO AMG Mercedes	38	+ 6,591	1.35,393	(3.)
7.	7	Jamie Green (GB)	HWA	AMG Mercedes C-Klasse	2009	AMG Mercedes	38	+ 10,653	1.35,565	(7.)
8.	16	Maro Engel (D)	Mücke	AMG Mercedes C-Klasse	2008	GQ AMG Mercedes	38	+ 11,938	1.35,728	(9.)
9.	5	Oliver Jarvis (GB)	Abt	Audi A4 DTM	2009	Audi Sport Team Abt	38	+ 13,803	1.36,049	(14.)
10.	17	David Coulthard (GB)	Mücke	AMG Mercedes C-Klasse	2008	Deutsche Post AMG Mercedes	38	+ 14,246	1.36,023	(13.)
11.	9	Mike Rockenfeller (D)	Abt	Audi A4 DTM	2009	Audi Sport Team Abt Sportsline	38	+ 16,164	1.35,763	(10.)
12.	10	Susie Stoddart (GB)[1]	Persson	AMG Mercedes C-Klasse	2008	TV SPIELFILM AMG Mercedes	38	+ 16,488	1.35,883	(12.)
13.	11	Christian Vietoris (D)[2]	Persson	AMG Mercedes C-Klasse	2008	Junge Sterne AMG Mercedes	38	+ 17,310	1.35,822	(11.)
14.	19	Edoardo Mortara (I)	Rosberg	Audi A4 DTM	2008	Audi Sport Team Rosberg	38	+ 18,341	1.36,081	(15.)
15.	15	Rahel Frey (CH)	Phoenix	Audi A4 DTM	2008	Audi Sport Team Phoenix	38	+ 25,944	1.36,690	(18.)
16.	22	Miguel Molina (E)	Abt	Audi A4 DTM	2008	Audi Sport Team Abt Junior	38	+ 28,420	1.35,703	(8.)
17.	18	Filipe Albuquerque (P)[3]	Rosberg	Audi A4 DTM	2008	Audi Sport Team Rosberg	38	+ 29,011	1.36,184	(17.)
18.	20	Renger van der Zande (NL)	Persson	AMG Mercedes C-Klasse	2008	stern AMG Mercedes	30	- 8 Rd.	1.36,160	(16.)

[1]Durchfahrtsstrafe wegen Frühstarts. [2]Durchfahrtsstrafe wegen vermeidbarer Kollision mit Filipe Albuquerque. [3]Durchfahrtsstrafe wegen Missachtens der roten Ampel in der Boxengasse.

Führungsposition 1.–38. Rd. Spengler

Bruno Spengler AMG Mercedes C-Klasse

Freies Training 1

Pl.	Fahrer	Zeit
1.	M. Rockenfeller	1.35,085
2.	T. Scheider	1.35,529
3.	M. Ekström	1.35,697
4.	C. Vietoris	1.35,702
5.	E. Mortara	1.35,732
6.	R. Schumacher	1.35,761
7.	B. Spengler	1.35,804
8.	G. Paffett	1.35,831
9.	M. Molina	1.35,926
10.	F. Albuquerque	1.36,000
11.	J. Green	1.36,049
12.	M. Tomczyk	1.36,120
13.	M. Engel	1.36,272
14.	D. Coulthard	1.36,437
15.	R. van der Zande	1.36,474
16.	O. Jarvis	1.36,511
17.	S. Stoddart	1.36,976
18.	R. Frey	1.38,152

Freies Training 2

Pl.	Fahrer	Zeit
1.	T. Scheider	1.33,627
2.	M. Tomczyk	1.33,813
3.	M. Molina	1.33,922
4.	R. Schumacher	1.34,001
5.	M. Rockenfeller	1.34,036
6.	G. Paffett	1.34,178
7.	C. Vietoris	1.34,188
8.	F. Albuquerque	1.34,236
9.	M. Ekström	1.34,303
10.	J. Green	1.34,466
11.	M. Engel	1.34,529
12.	R. van der Zande	1.34,564
13.	O. Jarvis	1.34,668
14.	E. Mortara	1.34,915
15.	D. Coulthard	1.34,933
16.	S. Stoddart	1.34,950
17.	R. Frey	1.35,151
	B. Spengler	–[1]

Zeittraining

Pl.	Fahrer	Zeittraining 1[2]		Zeittraining 2[3]		Zeittraining 3		Zeittraining 4	
1.	B. Spengler	1.34,436	(2.)	1.34,354	(7.)	1.33,735	(1.)	1.34,270	(1.)
2.	M. Ekström	–		1.34,298	(6.)	1.34,192	(4.)	1.34,402	(2.)
3.	R. Schumacher	–		1.34,220	(4.)	1.33,981	(2.)	1.34,577	(3.)
4.	T. Scheider	–		1.33,974	(1.)	1.34,033	(3.)	1.35,434	(4.)
5.	M. Rockenfeller	1.34,441	(3.)	1.34,191	(3.)	1.34,194	(5.)		
6.	M. Tomczyk	1.34,339	(1.)	1.34,139	(2.)	1.34,285	(6.)		
7.	M. Engel	1.34,882	(5.)	1.34,426	(8.)	1.34,386	(7.)		
8.	M. Molina	1.36,320	(11.)	1.34,264	(5.)	1.35,268	(8.)		
9.	C. Vietoris	–		1.34,445	(9.)				
10.	E. Mortara	1.35,226	(8.)	1.34,460	(10.)				
11.	R. van der Zande	–		1.34,475	(11.)				
12.	O. Jarvis	1.35,085	(7.)	1.34,559	(12.)				
13.	D. Coulthard	1.34,897	(6.)	1.34,698	(13.)				
14.	J. Green	–		1.34,720	(14.)				
15.	F. Albuquerque	1.34,810	(4.)	1.34,758	(15.)				
16.	S. Stoddart	1.35,651	(9.)	1.34,778	(16.)				
17.	R. Frey	1.36,091	(10.)	1.35,403	(17.)				
	G. Paffett	–							

Warm-up

Pl.	Fahrer	Zeit
1.	R. Schumacher	1.34,532
2.	M. Engel	1.34,588
3.	G. Paffett	1.34,677
4.	M. Tomczyk	1.34,747
5.	B. Spengler	1.34,841
6.	M. Rockenfeller	1.34,892
7.	C. Vietoris	1.34,946
8.	R. van der Zande	1.34,961
9.	T. Scheider	1.34,969
10.	F. Albuquerque	1.35,143
11.	J. Green	1.35,145
12.	M. Ekström	1.35,187
13.	D. Coulthard	1.35,197
14.	E. Mortara	1.35,389
15.	O. Jarvis	1.35,390
16.	S. Stoddart	1.35,443
17.	M. Molina	1.35,643
18.	R. Frey	1.36,403

[1]Nicht fixierter Splitter am Unterboden. [2]Unfall Paffett. Abbruch. Alle Piloten rücken ins zweite Segment vor. [3]Um die verbliebenen acht auf 19 Minuten verlängert.

02 DTM Zandvoort (NL)

13.05.–15.05.2011 · Wetter sonnig/wolkig, 14,0 Grad · Streckenlänge 4,307 km · Distanz 41 Runden = 176,587 km · Zuschauer 29.000

Rennen

Pl.	Nr.	Fahrer (Nation)	Team	Fahrzeug	Jahrgang	Bewerber	Rd.	Zeit/Ausfallgrund	Schn. Runde	Pl.
1.	9	Mike Rockenfeller (D)	Abt	Audi A4 DTM	2009	Audi Sport Team Abt Sportsline	41	1:05.28,514	1.33,410	(1.)
2.	3	Bruno Spengler (CDN)	HWA	AMG Mercedes C-Klasse	2009	Mercedes-Benz Bank AMG	41	+ 1,423	1.34,074	(10.)
3.	14	Martin Tomczyk (D)	Phoenix	Audi A4 DTM	2008	Audi Sport Team Phoenix	41	+ 1,865	1.33,458	(2.)
4.	7	Jamie Green (GB)	HWA	AMG Mercedes C-Klasse	2009	AMG Mercedes	41	+ 6,957	1.33,702	(5.)
5.	4	Timo Scheider (D)	Abt	Audi A4 DTM	2009	Audi Sport Team Abt	41	+ 11,478	1.33,808	(7.)
6.	19	Edoardo Mortara (I)	Rosberg	Audi A4 DTM	2008	Audi Sport Team Rosberg	41	+ 14,160	1.33,617	(4.)
7.	16	Maro Engel (D)	Mücke	AMG Mercedes C-Klasse	2008	GQ AMG Mercedes	41	+ 15,064	1.33,803	(6.)
8.	8	Mattias Ekström (S)	Abt	Audi A4 DTM	2009	Audi Sport Team Abt Sportsline	41	+ 15,439	1.33,514	(3.)
9.	2	Gary Paffett (GB)	HWA	AMG Mercedes C-Klasse	2009	THOMAS SABO AMG Mercedes	41	+ 19,482	1.33,835	(9.)
10.	5	Oliver Jarvis (GB)	Abt	Audi A4 DTM	2009	Audi Sport Team Abt	41	+ 21,859	1.34,191	(12.)
11.	6	Ralf Schumacher (D)	HWA	AMG Mercedes C-Klasse	2009	Salzgitter AMG Mercedes	41	+ 28,435	1.34,085	(11.)
12.	10	Susie Stoddart (GB)	Persson	AMG Mercedes C-Klasse	2008	TV SPIELFILM AMG Mercedes	41	+ 28,855	1.34,217	(13.)
13.	20	Renger van der Zande (NL)	Persson	AMG Mercedes C-Klasse	2008	stern AMG Mercedes	41	+ 35,870	1.34,643	(17.)
14.	22	Miguel Molina (E)	Abt	Audi A4 DTM	2008	Audi Sport Team Abt Junior	41	+ 37,268	1.34,460	(15.)
15.	11	Christian Vietoris (D)	Persson	AMG Mercedes C-Klasse	2008	Junge Sterne AMG Mercedes	41	+ 38,901	1.36,690	(18.)
16.	17	David Coulthard (GB)	Mücke	AMG Mercedes C-Klasse	2008	Deutsche Post AMG Mercedes	41	+ 49,548	1.34,375	(14.)
17.	15	Rahel Frey (CH)	Phoenix	Audi A4 DTM	2008	Audi Sport Team Phoenix	40	- 1 Rd.	1.35,493	(18.)
	18	Filipe Albuquerque (P)	Rosberg	Audi A4 DTM	2008	Audi Sport Team Rosberg	13	Kühler	1.34,640	(16.)

Führungsposition 1.–12. Rd. Spengler; 13. Rd. Tomczyk; 14. Rd. Engel; 15.–22. Rd. Ekström; 23. Rd. Rockenfeller; 24.–30. Rd. Tomczyk; 31.–41. Rd. Rockenfeller

Mike Rockenfeller Audi A4 DTM

Freies Training 1

Pl.	Fahrer	Zeit
1.	T. Scheider	1.32,708
2.	M. Tomczyk	1.33,182
3.	M. Ekström	1.33,298
4.	E. Mortara	1.33,409
5.	D. Coulthard	1.33,416
6.	C. Vietoris	1.33,505
7.	R. van der Zande	1.33,656
8.	J. Green	1.33,732
9.	G. Paffett	1.33,864
10.	O. Jarvis	1.33,916
11.	B. Spengler	1.33,919
12.	M. Rockenfeller	1.34,040
13.	F. Albuquerque	1.34,048
14.	M. Engel	1.34,311
15.	M. Molina	1.34,371
16.	S. Stoddart	1.34,524
17.	R. Schumacher	1.34,555
18.	R. Frey	1.35,471

Freies Training 2

Pl.	Fahrer	Zeit
1.	T. Scheider	1.31,718
2.	J. Green	1.31,901
3.	M. Rockenfeller	1.31,907
4.	M. Molina	1.32,053
5.	E. Mortara	1.32,064
6.	M. Tomczyk	1.32,131
7.	B. Spengler	1.32,139
8.	F. Albuquerque	1.32,154
9.	M. Ekström	1.32,170
10.	R. Schumacher	1.32,203
11.	O. Jarvis	1.32,329
12.	G. Paffett	1.32,569
13.	R. van der Zande	1.32,713
14.	C. Vietoris	1.32,728
15.	M. Engel	1.32,779
16.	S. Stoddart	1.32,947
17.	R. Frey	1.33,381
18.	D. Coulthard	1.33,456

Zeittraining

Pl.	Fahrer	Zeittraining 1		Zeittraining 2		Zeittraining 3		Zeittraining 4	
1.	B. Spengler	1.31,983	(10.)	1.31,239	(5.)	1.30,815	(2.)	1.31,805	(1.)
2.	J. Green	1.31,702	(2.)	1.31,152	(2.)	1.30,644	(1.)	1.31,940	(2.)
3.	M. Rockenfeller	1.31,903	(6.)	1.31,156	(3.)	1.31,043	(4.)	1.32,017	(3.)
4.	M. Tomczyk	1.31,937	(7.)	1.30,935	(1.)	1.30,970	(3.)	1.32,063	(4.)
5.	G. Paffett	1.31,558	(1.)	1.31,245	(6.)	1.31,130	(5.)		
6.	T. Scheider	1.31,970	(8.)	1.31,291	(8.)	1.31,148	(6.)		
7.	E. Mortara	1.31,781	(3.)	1.31,188	(4.)	1.31,160	(7.)		
8.	R. Schumacher	1.31,980	(9.)	1.31,271	(7.)	1.31,387	(8.)		
9.	M. Molina	1.32,048	(11.)	1.31,329	(9.)				
10.	F. Albuquerque	1.31,885	(5.)	1.31,343	(10.)				
11.	R. van der Zande	1.32,193	(13.)	1.31,632	(11.)				
12.	O. Jarvis	1.32,053	(12.)	1.31,729	(12.)				
13.	M. Engel	1.31,882	(4.)	1.31,938	(13.)				
14.	D. Coulthard	1.32,196	(14.)	1.32,007	(14.)				
15.	S. Stoddart	1.32,197	(15.)						
16.	M. Ekström	1.32,236	(16.)						
17.	C. Vietoris	1.32,646	(17.)						
18.	R. Frey	1.33,436	(18.)						

Warm-up

Pl.	Fahrer	Zeit
1.	T. Scheider	1.32,951
2.	F. Albuquerque	1.33,188
3.	M. Tomczyk	1.33,202
4.	J. Green	1.33,273
5.	M. Ekström	1.33,317
6.	M. Rockenfeller	1.33,358
7.	M. Molina	1.33,390
8.	R. Schumacher	1.33,433
9.	O. Jarvis	1.33,511
10.	B. Spengler	1.33,514
11.	M. Engel	1.33,650
12.	E. Mortara	1.33,722
13.	G. Paffett	1.33,850
14.	D. Coulthard	1.34,074
15.	C. Vietoris	1.34,085
16.	S. Stoddart	1.34,321
17.	R. Frey	1.34,741
18.	R. van der Zande	1.34,758

03 DTM Spielberg (A)

03.06.–05.06.2011 · **Wetter** sonnig, 25,7 Grad · **Streckenlänge** 4,326 km · **Distanz** 38 Runden = 164,388 km · **Zuschauer** 48.000

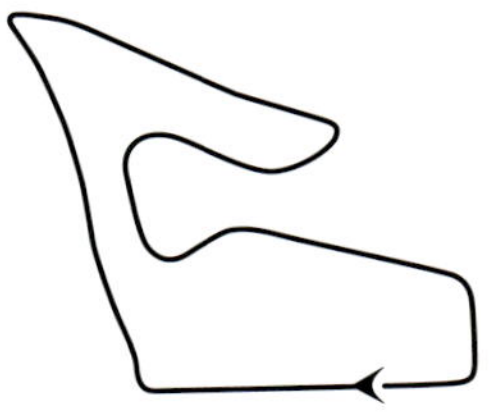

Martin Tomczyk Audi A4 DTM

Rennen

Pl.	Nr.	Fahrer (Nation)	Team	Fahrzeug	Jahrgang	Bewerber	Rd.	Zeit/Ausfallgrund	Schn. Runde	Pl.
1.	14	Martin Tomczyk (D)	Phoenix	Audi A4 DTM	2008	Audi Sport Team Phoenix	38	55.55,117	1.26,697	(6.)
2.	6	Ralf Schumacher (D)	HWA	AMG Mercedes C-Klasse	2009	Salzgitter AMG Mercedes	38	+ 0,462	1.26,659	(5.)
3.	5	Oliver Jarvis (GB)	Abt	Audi A4 DTM	2009	Audi Sport Team Abt	38	+ 2,749	1.26,728	(10.)
4.	3	Bruno Spengler (CDN)	HWA	AMG Mercedes C-Klasse	2009	Mercedes-Benz Bank AMG	38	+ 2,999	1.26,298	(1.)
5.	9	Mike Rockenfeller (D)	Abt	Audi A4 DTM	2009	Audi Sport Team Abt Sportsline	38	+ 10,364	1.26,942	(15.)
6.	7	Jamie Green (GB)	HWA	AMG Mercedes C-Klasse	2009	AMG Mercedes	38	+ 10,984	1.26,720	(9.)
7.	4	Timo Scheider (D)	Abt	Audi A4 DTM	2009	Audi Sport Team Abt	38	+ 12,179	1.26,832	(13.)
8.	2	Gary Paffett (GB)	HWA	AMG Mercedes C-Klasse	2009	THOMAS SABO AMG Mercedes	38	+ 12,660	1.26,592	(4.)
9.	17	David Coulthard (GB)	Mücke	AMG Mercedes C-Klasse	2008	Deutsche Post AMG Mercedes	38	+ 14,246	1.26,563	(2.)
10.	20	Renger van der Zande (NL)	Persson	AMG Mercedes C-Klasse	2008	stern AMG Mercedes	38	+ 15,669	1.26,702	(7.)
11.	22	Miguel Molina (E)	Abt	Audi A4 DTM	2008	Audi Sport Team Abt Junior	38	+ 16,266	1.26,702	(8.)
12.	18	Filipe Albuquerque (P)	Rosberg	Audi A4 DTM	2008	Audi Sport Team Rosberg	38	+ 19,608	1.26,738	(11.)
13.	10	Susie Stoddart (GB)	Persson	AMG Mercedes C-Klasse	2008	TV SPIELFILM AMG Mercedes	38	+ 26,311	1.27,094	(16.)
14.	16	Maro Engel (D)[1]	Mücke	AMG Mercedes C-Klasse	2008	GQ AMG Mercedes	38	+ 26,805	1.26,765	(12.)
15.	11	Christian Vietoris (D)[2]	Persson	AMG Mercedes C-Klasse	2008	Junge Sterne AMG Mercedes	38	+ 28,071	1.26,575	(3.)
16.	19	Edoardo Mortara (I)	Rosberg	Audi A4 DTM	2008	Audi Sport Team Rosberg	38	+ 35,893	1.26,839	(14.)
17.	15	Rahel Frey (CH)[3]	Phoenix	Audi A4 DTM	2008	Audi Sport Team Phoenix	38	+ 43,420	1.27,256	(17.)
	8	Mattias Ekström (S)	Abt	Audi A4 DTM	2009	Audi Sport Team Abt Sportsline	12	Reifen	1.27,723	(18.)

[1]Durchfahrtsstrafe wegen vermeidbarer Kollision mit Mortara. [2]Erster Boxenbesuch zählt nicht als Pflichtboxenstopp. Sein Team hatte keine Reifen gewechselt. [3]Durchfahrtsstrafe wegen Frühstarts.

Führungsposition 1.–13. Rd. Tomczyk; 14. Rd. Schumacher; 15.–22. Rd. Spengler; 23.–24. Rd. Tomczyk; 25. Rd. Jarvis; 26.–28. Rd. Spengler; 29.–38. Rd. Tomczyk

Freies Training 1[1]

Pl. Fahrer	Zeit
1. E. Mortara	1.26,780
2. C. Vietoris	1.26,909
3. F. Albuquerque	1.26,959
4. D. Coulthard	1.26,989
5. M. Tomczyk	1.27,348
6. M. Rockenfeller	1.27,379
7. M. Engel	1.27,594
8. M. Molina	1.27,618
9. R. van der Zande	1.27,687
10. S. Stoddart	1.28,441
11. R. Frey	1.28,755
12. G. Paffett	1.36,804
13. T. Scheider	1.38,002
14. M. Ekström	1.39,977
15. O. Jarvis	1.40,332
16. B. Spengler	1.40,594
17. R. Schumacher	1.40,734
18. J. Green	1.41,232

Freies Training 2

Pl. Fahrer	Zeit
1. M. Tomczyk	1.25,660
2. M. Molina	1.25,666
3. T. Scheider	1.25,761
4. E. Mortara	1.25,894
5. M. Ekström	1.25,957
6. O. Jarvis	1.25,962
7. F. Albuquerque	1.25,989
8. M. Rockenfeller	1.26,019
9. R. Schumacher	1.26,072
10. G. Paffett	1.26,085
11. B. Spengler	1.26,108
12. R. van der Zande	1.26,233
13. M. Engel	1.26,281
14. R. Frey	1.26,410
15. C. Vietoris	1.26,425
16. J. Green	1.26,435
17. S. Stoddart	1.26,861
18. D. Coulthard	1.39,116

Zeittraining[2]

Pl. Fahrer	Zeittraining 1		Zeittraining 2[3]	Zeittraining 3[4]		Zeittraining 4	
1. M. Tomczyk	1.39,886	(4.)	–	1.38,321	(2.)	1.40,001	(1.)
2. O. Jarvis	1.40,326	(9.)	–	1.38,660	(4.)	1.40,353	(2.)
3. R. Schumacher	1.40,198	(7.)	–	1.38,506	(3.)	1.40,587	(3.)
4. E. Mortara	1.40,293	(8.)	–	1.38,105	(1.)	1.40,990	(4.)
5. M. Rockenfeller	1.40,623	(11.)	–	1.38,667	(5.)		
6. M. Engel	1.39,789	(2.)	–	1.38,685	(6.)		
7. T. Scheider	1.40,192	(6.)	–	1.38,755	(7.)		
8. G. Paffett	1.39,581	(1.)	–	1.38,787	(8.)		
9. J. Green	1.39,879	(3.)	–	1.38,827	(9.)		
10. C. Vietoris	1.40,488	(10.)	–	1.38,866	(10.)		
11. F. Albuquerque	1.40,671	(12.)	–	1.38,882	(11.)		
12. B. Spengler	1.39,949	(5.)	–	1.39,372	(12.)		
13. R. van der Zande	1.40,768	(14.)	–	1.39,530	(13.)		
14. D. Coulthard	1.40,710	(13.)	–	1.39,797	(14.)		
15. S. Stoddart	1.40,928	(15.)	–				
16. R. Frey	1.41,385	(16.)	–				
17. M. Molina	1.41,567	(17.)	–				
18. M. Ekström	1.47,903	(18.)	–				

Warm-up

Pl. Fahrer	Zeit
1. M. Tomczyk	1.26,285
2. M. Engel	1.26,292
3. B. Spengler	1.26,318
4. D. Coulthard	1.26,342
5. R. Schumacher	1.26,344
6. E. Mortara	1.26,365
7. R. van der Zande	1.26,377
8. J. Green	1.26,444
9. C. Vietoris	1.26,536
10. O. Jarvis	1.26,628
11. M. Molina	1.26,693
12. T. Scheider	1.26,698
13. M. Rockenfeller	1.26,763
14. G. Paffett	1.26,844
15. F. Albuquerque	1.26,919
16. S. Stoddart	1.27,252
17. M. Ekström	1.27,472
18. R. Frey	1.27,607

[1]Zeitweise Regen. [2]Regen. [3]Abbruch wegen Aquaplaning-Gefahr. Alle Piloten rücken ins dritte Segment vor. [4]Um die verbliebenen neun auf 20 Minuten verlängert.

04 DTM Lausitzring (D)

17.06.–19.06.2011 · **Wetter** sonnig/wolkig, 19,1 Grad · **Streckenlänge** 3,478 km · **Distanz** 52 Runden = 180,856 km · **Zuschauer** 63.000

Martin Tomczyk Audi A4 DTM

Rennen

Pl.	Nr.	Fahrer (Nation)	Team	Fahrzeug	Jahrgang	Bewerber	Rd.	Zeit/Ausfallgrund	Schn. Runde	Pl.
1.	14	Martin Tomczyk (D)	Phoenix	Audi A4 DTM	2008	Audi Sport Team Phoenix	52	1:10.52,902	1:20,308	(2.)
2.	4	Timo Scheider (D)	Abt	Audi A4 DTM	2009	Audi Sport Team Abt	52	+ 5,436	1:20,160	(1.)
3.	3	Bruno Spengler (CDN)	HWA	AMG Mercedes C-Klasse	2009	Mercedes-Benz Bank AMG	52	+ 14,300	1:20,788	(14.)
4.	2	Gary Paffett (GB)	HWA	AMG Mercedes C-Klasse	2009	THOMAS SABO AMG Mercedes	52	+ 17,604	1:20,670	(9.)
5.	5	Oliver Jarvis (GB)	Abt	Audi A4 DTM	2009	Audi Sport Team Abt	52	+ 18,633	1:20,698	(10.)
6.	7	Jamie Green (GB)	HWA	AMG Mercedes C-Klasse	2009	AMG Mercedes	52	+ 19,397	1:20,732	(13.)
7.	9	Tom Kristensen (DK)[1]	Abt	Audi A4 DTM	2009	Audi Sport Team Abt Sportsline	52	+ 23,259	1:20,724	(11.)
8.	18	Filipe Albuquerque (P)	Rosberg	Audi A4 DTM	2008	Audi Sport Team Rosberg	52	+ 24,956	1:20,421	(3.)
9.	11	Christian Vietoris (D)	Persson	AMG Mercedes C-Klasse	2008	Junge Sterne AMG Mercedes	52	+ 25,846	1:20,540	(5.)
10.	16	Maro Engel (D)	Mücke	AMG Mercedes C-Klasse	2008	GQ AMG Mercedes	52	+ 26,674	1:20,603	(8.)
11.	8	Mattias Ekström (S)	Abt	Audi A4 DTM	2009	Audi Sport Team Abt Sportsline	52	+ 29,182	1:20,597	(7.)
12.	6	Ralf Schumacher (D)	HWA	AMG Mercedes C-Klasse	2009	Salzgitter AMG Mercedes	52	+ 31,737	1:20,597	(6.)
13.	17	David Coulthard (GB)	Mücke	AMG Mercedes C-Klasse	2008	Deutsche Post AMG Mercedes	52	+ 44,504	1:20,893	(15.)
14.	20	Renger van der Zande (NL)	Persson	AMG Mercedes C-Klasse	2008	stern AMG Mercedes	52	+ 46,956	1:20,727	(12.)
15.	15	Rahel Frey (CH)	Phoenix	Audi A4 DTM	2008	Audi Sport Team Phoenix	52	+ 59,739	1:21,241	(17.)
16.	22	Miguel Molina (E)	Abt	Audi A4 DTM	2008	Audi Sport Team Abt Junior	42	- 10 Rd.	1:20,435	(4.)
	19	Edoardo Mortara (I)	Rosberg	Audi A4 DTM	2008	Audi Sport Team Rosberg	35	Kollisionsfolgen	1:20,928	(16.)

[1]Ersetzt Le-Mans-Rekonvaleszent Mike Rockenfeller.

Führungsposition 1.–14. Rd. Spengler; 15.–16. Rd. Tomczyk; 17.–20. Rd. Jarvis; 21.–30. Rd. Scheider; 31.–34. Rd. Tomczyk; 35.–38. Rd. Scheider; 39.–52. Rd. Tomczyk

Freies Training 1

Pl. Fahrer	Zeit
1. T. Kristensen	1.19,412
2. M. Tomczyk	1.19,438
3. T. Scheider	1.19,468
4. C. Vietoris	1.19,572
5. F. Albuquerque	1.19,628
6. D. Coulthard	1.19,728
7. R. van der Zande	1.19,730
8. O. Jarvis	1.19,800
9. S. Stoddart	1.19,839
10. M. Molina	1.19,899
11. E. Mortara	1.19,923
12. M. Ekström	1.20,056
13. G. Paffett	1.20,117
14. B. Spengler	1.20,191
15. J. Green	1.20,206
16. M. Engel	1.20,228
17. R. Schumacher	1.20,284
18. R. Frey	1.21,298

Freies Training 2

Pl. Fahrer	Zeit
1. M. Tomczyk	1.18,912
2. F. Albuquerque	1.19,040
3. O. Jarvis	1.19,098
4. J. Green	1.19,198
5. M. Molina	1.19,238
6. T. Scheider	1.19,248
7. B. Spengler	1.19,323
8. G. Paffett	1.19,381
9. C. Vietoris	1.19,390
10. M. Ekström	1.19,417
11. S. Stoddart	1.19,456
12. R. Schumacher	1.19,478
13. T. Kristensen	1.19,526
14. E. Mortara	1.19,578
15. R. van der Zande	1.19,689
16. M. Engel	1.19,701
17. D. Coulthard	1.19,774
18. R. Frey	1.20,060

Zeittraining

Pl. Fahrer	Zeittraining 1		Zeittraining 2		Zeittraining 3		Zeittraining 4	
1. B. Spengler	1.19,595	(11.)	1.19,097	(5.)	1.18,973	(2.)	1:19,119	(1.)
2. J. Green	1.19,424	(7.)	1.19,047	(3.)	1.18,943	(1.)	1:19,524	(2.)
3. M. Ekström	1.19,393	(5.)	1.19,004	(1.)	1.19,072	(4.)	1:19,591	(3.)
4. M. Tomczyk	1.19,372	(4.)	1.19,053	(4.)	1.19,035	(3.)	1:19,622	(4.)
5. G. Paffett	1.19,395	(6.)	1.19,044	(2.)	1:19,151	(5.)		
6. O. Jarvis	1.19,631	(13.)	1.19,098	(6.)	1:19,233	(6.)		
7. T. Kristensen	1.19,526	(8.)	1.19,143	(7.)	1:19,406	(7.)		
8. F. Albuquerque	1.19,349	(2.)	1.19,203	(8.)	1:19,545	(8.)		
9. T. Scheider	1.19,556	(9.)	1:19,219	(9.)				
10. C. Vietoris	1.19,593	(10.)	1:19,234	(10.)				
11. M. Molina	1.19,364	(3.)	1:19,258	(11.)				
12. E. Mortara	1.19,297	(1.)	1:19,367	(12.)				
13. R. van der Zande	1.19,615	(12.)	1:19,502	(13.)				
14. S. Stoddart	1.19,662	(14.)	1:19,577	(14.)				
15. D. Coulthard	1:19,737	(15.)						
16. M. Engel	1:19,785	(16.)						
17. R. Schumacher	1:19,818	(17.)						
18. R. Frey	1:20,370	(18.)						

Warm-up

Pl. Fahrer	Zeit
1. T. Scheider	1.20,302
2. G. Paffett	1.20,353
3. O. Jarvis	1.20,363
4. C. Vietoris	1.20,376
5. M. Engel	1.20,418
6. J. Green	1.20,451
7. F. Albuquerque	1.20,481
8. M. Tomczyk	1.20,485
9. D. Coulthard	1.20,550
10. S. Stoddart[1]	1.20,559
11. M. Molina	1.20,567
12. T. Kristensen	1.20,588
13. E. Mortara	1.20,616
14. B. Spengler	1.20,653
15. R. Schumacher	1.20,803
16. R. van der Zande	1.20,804
17. M. Ekström	1.20,876
18. R. Frey	1.21,629

[1]Kein Start im Rennen wegen defekter Bremsen.

STATISTIK

05 DTM Norisring (D)

01.07.–03.07.2011 · Wetter Regen/wolkig, 11,4 Grad · Streckenlänge 2,300 km · Distanz 64 Runden = 147,200 km · Zuschauer 124.000

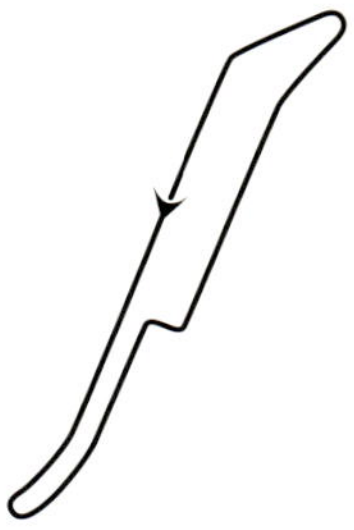

Bruno Spengler AMG Mercedes C-Klasse

Rennen[1]

Pl.	Nr.	Fahrer (Nation)	Team	Fahrzeug	Jahrgang	Bewerber	Rd.	Zeit/Ausfallgrund	Schn. Runde	Pl.
1.	3	Bruno Spengler (CDN)	HWA	AMG Mercedes C-Klasse	2009	Mercedes-Benz Bank AMG	64	1:04.43,617	54,890	(12.)
2.	7	Jamie Green (GB)	HWA	AMG Mercedes C-Klasse	2009	AMG Mercedes	64	+ 0,499	54,588	(1.)
3.	14	Martin Tomczyk (D)	Phoenix	Audi A4 DTM	2008	Audi Sport Team Phoenix	64	+ 1,493	54,807	(9.)
4.	4	Timo Scheider (D)	Abt	Audi A4 DTM	2009	Audi Sport Team Abt	64	+ 2,760	54,848	(11.)
5.	19	Edoardo Mortara (I)	Rosberg	Audi A4 DTM	2008	Audi Sport Team Rosberg	64	+ 4,725	54,602	(2.)
6.	6	Ralf Schumacher (D)	HWA	AMG Mercedes C-Klasse	2009	Salzgitter AMG Mercedes	64	+ 6,098	54,706	(5.)
7.	8	Mattias Ekström (S)	Abt	Audi A4 DTM	2009	Audi Sport Team Abt Sportsline	64	+ 7,022	54,781	(8.)
8.	17	David Coulthard (GB)	Mücke	AMG Mercedes C-Klasse	2008	Deutsche Post AMG Mercedes	64	+ 9,672	54,810	(10.)
9.	16	Maro Engel (D)	Mücke	AMG Mercedes C-Klasse	2008	GQ AMG Mercedes	64	+ 11,320	54,892	(13.)
10.	20	Renger van der Zande (NL)	Persson	AMG Mercedes C-Klasse	2008	stern AMG Mercedes	64	+ 12,773	54,629	(3.)
11.	11	Christian Vietoris (D)	Persson	AMG Mercedes C-Klasse	2008	Junge Sterne AMG Mercedes	64	+ 14,112	54,765	(7.)
12.	22	Miguel Molina (E)	Abt	Audi A4 DTM	2008	Audi Sport Team Abt Junior	64	+ 15,459	55,021	(16.)
13.	10	Susie Stoddart (GB)	Persson	AMG Mercedes C-Klasse	2008	TV SPIELFILM AMG Mercedes	64	+ 17,515	54,651	(4.)
14.	9	Mike Rockenfeller (D)	Abt	Audi A4 DTM	2009	Audi Sport Team Abt Sportsline	64	+ 21,030	54,756	(6.)
15.	5	Oliver Jarvis (GB)	Abt	Audi A4 DTM	2009	Audi Sport Team Abt	64	+ 21,556	54,898	(14.)
16.	18	Filipe Albuquerque (P)	Rosberg	Audi A4 DTM	2008	Audi Sport Team Rosberg	64	+ 22,394	54,971	(15.)
17.	15	Rahel Frey (CH)	Phoenix	Audi A4 DTM	2008	Audi Sport Team Phoenix	63	- 1 Rd.	55,252	(18.)
	2	Gary Paffett (GB)	HWA	AMG Mercedes C-Klasse	2009	THOMAS SABO AMG Mercedes	15	Unfall	55,043	(17.)

[1] Start und fünf Runden Fahrt hinter dem Safety Car. Rennen nach 64 statt der angesetzten 82 Runden und vor Ablauf der 75-Minuten-Maximalgrenze per Roter Flagge beendet.

Führungsposition 1.–44. Rd. Spengler; 45.–47. Rd. Green; 48. Rd. Ekström; 49.–50. Rd. Tomczyk; 51.–54. Rd. Spengler; 55. Rd. Green; 56.–58. Rd. Mortara; 59.–64. Rd. Spengler

Freies Training 1

Pl.	Fahrer	Zeit
1.	M. Ekström	48,867
2.	O. Jarvis	48,882
3.	M. Engel	48,974
4.	C. Vietoris	49,001
5.	B. Spengler	49,019
6.	S. Stoddart	49,067
7.	G. Paffett	49,131
8.	M. Tomczyk	49,162
9.	R. van der Zande	49,174
10.	T. Scheider	49,189
11.	M. Rockenfeller	49,201
12.	J. Green	49,295
13.	M. Molina	49,389
14.	D. Coulthard	49,397
15.	E. Mortara	49,408
16.	F. Albuquerque	49,466
17.	R. Frey	50,428
18.	R. Schumacher	50,872

Freies Training 2

Pl.	Fahrer	Zeit
1.	B. Spengler	48,138
2.	M. Engel	48,165
3.	R. Schumacher	48,188
4.	M. Ekström	48,192
5.	O. Jarvis	48,229
6.	M. Tomczyk	48,258
7.	T. Scheider	48,260
8.	G. Paffett	48,344
9.	C. Vietoris	48,360
10.	E. Mortara	48,375
11.	J. Green	48,456
12.	M. Molina	48,467
13.	M. Rockenfeller	48,579
14.	R. van der Zande	48,636
15.	F. Albuquerque	48,668
16.	S. Stoddart	48,708
17.	R. Frey	48,747
18.	D. Coulthard	48,951

Zeittraining

Pl.	Fahrer	Zeittraining 1		Zeittraining 2		Zeittraining 3		Zeittraining 4	
1.	B. Spengler	48,180	(1.)	48,223	(3.)	48,096	(3.)	48,222	(1.)
2.	G. Paffett	48,278	(5.)	48,195	(2.)	48,108	(4.)	48,418	(2.)
3.	J. Green	48,313	(7.)	48,235	(4.)	48,084	(2.)	48,532	(3.)
4.	M. Ekström	48,301	(6.)	48,181	(1.)	48,058	(1.)	48,593	(4.)
5.	R. Schumacher	48,224	(3.)	48,243	(5.)	48,124	(5.)		
6.	M. Engel	48,214	(2.)	48,261	(7.)	48,189	(6.)		
7.	T. Scheider	48,374	(9.)	48,295	(8.)	48,214	(7.)		
8.	E. Mortara	48,240	(4.)	48,256	(6.)	48,257	(8.)		
9.	M. Molina	48,438	(12.)	48,332	(9.)				
10.	M. Tomczyk	48,365	(8.)	48,353	(10.)				
11.	O. Jarvis	48,470	(13.)	48,398	(11.)				
12.	C. Vietoris	48,418	(11.)	48,415	(12.)				
13.	D. Coulthard	48,471	(14.)	48,527	(13.)				
14.	R. van der Zande	48,406	(10.)	48,575	(14.)				
15.	S. Stoddart	48,552	(15.)						
16.	F. Albuquerque	48,600	(16.)						
17.	M. Rockenfeller	48,617	(17.)						
18.	R. Frey	48,907	(18.)						

Warm-up[1]

Pl.	Fahrer	Zeit
1.	O. Jarvis	55,587
2.	M. Rockenfeller	55,593
3.	E. Mortara	55,602
4.	M. Engel	55,609
5.	M. Tomczyk	55,632
6.	M. Molina	55,637
7.	J. Green	55,650
8.	M. Ekström	55,650
9.	C. Vietoris	55,673
10.	T. Scheider	55,680
11.	R. Schumacher	55,712
12.	B. Spengler	55,866
13.	R. van der Zande	55,887
14.	G. Paffett	56,108
15.	S. Stoddart	56,386
16.	F. Albuquerque	56,557
17.	D. Coulthard	56,773
18.	R. Frey	56,955

[1] Regen.

06 DTM Nürburgring (D)

05.08.–07.08.2011 · Wetter sonnig, wolkig, 16,5 Grad · Streckenlänge 3,629 km · Distanz 49 Runden = 177,821 km · Zuschauer 86.500

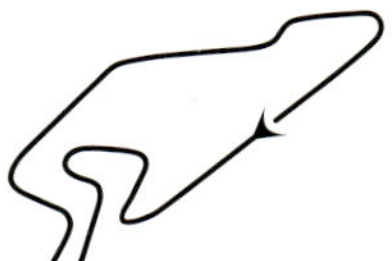

Mattias Ekström Audi A4 DTM

Rennen

Pl.	Nr.	Fahrer (Nation)	Team	Fahrzeug	Jahrgang	Bewerber	Rd.	Zeit/Ausfallgrund	Schn. Runde	Pl.
1.	8	Mattias Ekström (S)	Abt	Audi A4 DTM	2009	Audi Sport Team Abt Sportsline	49	1:11.19,980	1.25,749	(4.)
2.	3	Bruno Spengler (CDN)	HWA	AMG Mercedes C-Klasse	2009	Mercedes-Benz Bank AMG	49	+ 5,533	1.25,723	(3.)
3.	9	Mike Rockenfeller (D)	Abt	Audi A4 DTM	2009	Audi Sport Team Abt Sportsline	49	+ 7,906	1.25,936	(6.)
4.	4	Timo Scheider (D)	Abt	Audi A4 DTM	2009	Audi Sport Team Abt	49	+ 13,977	1.26,182	(12.)
5.	14	Martin Tomczyk (D)	Phoenix	Audi A4 DTM	2008	Audi Sport Team Phoenix	49	+ 15,656	1.26,232	(15.)
6.	7	Jamie Green (GB)	HWA	AMG Mercedes C-Klasse	2009	AMG Mercedes	49	+ 17,841	1.26,212	(13.)
7.	19	Edoardo Mortara (I)	Rosberg	Audi A4 DTM	2008	Audi Sport Team Rosberg	49	+ 18,917	1.26,067	(9.)
8.	2	Gary Paffett (GB)	HWA	AMG Mercedes C-Klasse	2009	THOMAS SABO AMG Mercedes	49	+ 19,696	1.25,684	(2.)
9.	18	Filipe Albuquerque (P)	Rosberg	Audi A4 DTM	2008	Audi Sport Team Rosberg	49	+ 22,516	1.26,278	(16.)
10.	5	Oliver Jarvis (GB)	Abt	Audi A4 DTM	2009	Audi Sport Team Abt	49	+ 35,080	1.26,001	(7.)
11.	20	Renger van der Zande (NL)	Persson	AMG Mercedes C-Klasse	2008	stern AMG Mercedes	49	+ 35,717	1.26,161	(11.)
12.	22	Miguel Molina (E)	Abt	Audi A4 DTM	2008	Audi Sport Team Abt Junior	49	+ 37,252	1.25,834	(5.)
13.	11	Christian Vietoris (D)	Persson	AMG Mercedes C-Klasse	2008	Junge Sterne AMG Mercedes	49	+ 38,090	1.26,071	(10.)
14.	10	Susie Stoddart (GB)	Persson	AMG Mercedes C-Klasse	2008	TV SPIELFILM AMG Mercedes	49	+ 45,201	1.26,215	(14.)
15.	16	Maro Engel (D)	Mücke	AMG Mercedes C-Klasse	2008	GQ AMG Mercedes	49	+ 50,747	1.26,063	(8.)
16.	15	Rahel Frey (CH)	Phoenix	Audi A4 DTM	2008	Audi Sport Team Phoenix	49	+ 1.06,678	1.26,676	(17.)
17.	17	David Coulthard (GB)	Mücke	AMG Mercedes C-Klasse	2008	Deutsche Post AMG Mercedes	48	- 1 Rd.	1.25,558	(1.)
	6	Ralf Schumacher (D)	HWA	AMG Mercedes C-Klasse	2009	Salzgitter AMG Mercedes	1	Kollision	1.34,015	(18.)

Führungsposition 1.–16. Rd. Ekström; 17 Rd. Jarvis; 18.–49. Rd. Ekström

Freies Training 1

Pl.	Fahrer	Zeit
1.	M. Rockenfeller	1.25,372
2.	B. Spengler	1.25,664
3.	D. Coulthard	1.25,681
4.	R. van der Zande	1.25,736
5.	M. Ekström	1.25,836
6.	M. Engel	1.25,854
7.	M. Molina	1.25,888
8.	T. Scheider	1.25,930
9.	J. Green	1.26,023
10.	M. Tomczyk	1.26,024
11.	C. Vietoris	1.26,027
12.	F. Albuquerque	1.26,073
13.	G. Paffett	1.26,145
14.	S. Stoddart	1.26,299
15.	O. Jarvis	1.26,380
16.	E. Mortara	1.26,409
17.	R. Schumacher	1.26,423
18.	R. Frey	1.26,808

Freies Training 2

Pl.	Fahrer	Zeit
1.	M. Ekström	1.24,538
2.	B. Spengler	1.24,545
3.	M. Rockenfeller	1.24,568
4.	M. Molina	1.24,587
5.	M. Tomczyk	1.24,727
6.	E. Mortara	1.24,769
7.	G. Paffett	1.24,790
8.	O. Jarvis	1.24,790
9.	T. Scheider	1.24,799
10.	J. Green	1.24,840
11.	C. Vietoris	1.24,856
12.	D. Coulthard	1.24,944
13.	M. Engel	1.24,957
14.	F. Albuquerque	1.25,085
15.	R. Schumacher	1.25,226
16.	R. van der Zande	1.25,237
17.	S. Stoddart	1.25,590
18.	R. Frey	1.25,792

Zeittraining

Pl.	Fahrer	Zeittraining 1		Zeittraining 2		Zeittraining 3		Zeittraining 4[1]	
1.	M. Ekström	1.25,648	(3.)	1.24,382	(5.)	1.24,120	(1.)	1.32,066	(1.)
2.	J. Green	1.25,888	(5.)	1.23,973	(1.)	1.24,202	(3.)	1.35,246	(2.)
3.	M. Rockenfeller	1.25,512	(2.)	1.24,419	(6.)	1.24,195	(2.)	1.35,544	(3.)
4.	B. Spengler	1.26,439	(7.)	1.24,216	(3.)	1.24,210	(4.)	1.37,144	(4.)
5.	E. Mortara	1.26,906	(13.)	1.24,481	(8.)	1.24,374	(5.)		
6.	M. Molina	1.26,937	(14.)	1.24,320	(4.)	1.24,440	(6.)		
7.	M. Tomczyk	1.25,265	(1.)	1.24,170	(2.)	1.24,496	(7.)		
8.	T. Scheider	1.26,268	(6.)	1.24,454	(7.)	1.24,695	(8.)		
9.	R. van der Zande	1.26,582	(11.)	1.24,501	(9.)				
10.	D. Coulthard	1.26,833	(12.)	1.24,525	(10.)				
11.	C. Vietoris	1.26,565	(10.)	1.24,549	(11.)				
12.	F. Albuquerque	1.26,474	(9.)	1.24,568	(12.)				
13.	G. Paffett	1.25,816	(4.)	1.24,644	(13.)				
14.	S. Stoddart	1.26,472	(8.)	1.25,063	(14.)				
15.	O. Jarvis	1.26,965	(15.)						
16.	R. Frey	1.27,036	(16.)						
17.	R. Schumacher	1.27,147	(17.)						
18.	M. Engel	1.27,275	(18.)						

Warm-up

Pl.	Fahrer	Zeit
1.	M. Ekström	1.25,503
2.	F. Albuquerque	1.25,658
3.	J. Green	1.25,703
4.	E. Mortara	1.25,727
5.	M. Tomczyk	1.25,744
6.	G. Paffett	1.25,762
7.	D. Coulthard	1.25,775
8.	T. Scheider	1.25,831
9.	B. Spengler	1.25,862
10.	R. van der Zande	1.25,990
11.	M. Molina	1.26,010
12.	M. Engel	1.26,096
13.	O. Jarvis	1.26,187
14.	C. Vietoris	1.26,235
15.	M. Rockenfeller	1.26,236
16.	R. Schumacher	1.26,240
17.	S. Stoddart	1.26,506
18.	R. Frey	1.26,786

[1] Regen.

07 DTM Brands Hatch (GB)

02.09.–04.09.20110 · **Wetter** Regen, 17,4 Grad · **Streckenlänge** 1,929 km · **Distanz** 88 Runden = 169,725 km · **Zuschauer** 21.000

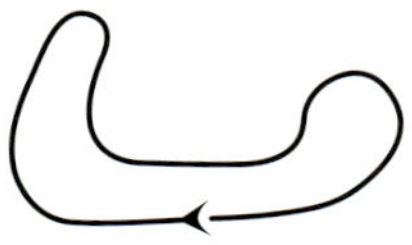

Rennen[1]

Pl.	Nr.	Fahrer (Nation)	Team	Fahrzeug	Jahrgang	Bewerber	Rd.	Zeit/Ausfallgrund	Schn. Runde	Pl.
1.	14	Martin Tomczyk (D)	Phoenix	Audi A4 DTM	2008	Audi Sport Team Phoenix	88	1:15.37,956	49,805	(1.)
2.	8	Mattias Ekström (S)	Abt	Audi A4 DTM	2009	Audi Sport Team Abt Sportsline	88	+ 2,023	50,263	(5.)
3.	19	Edoardo Mortara (I)	Rosberg	Audi A4 DTM	2008	Audi Sport Team Rosberg	88	+ 11,723	50,062	(3.)
4.	2	Gary Paffett (GB)	HWA	AMG Mercedes C-Klasse	2009	THOMAS SABO AMG Mercedes	88	+ 14,136	50,343	(6.)
5.	6	Ralf Schumacher (D)	HWA	AMG Mercedes C-Klasse	2009	Salzgitter AMG Mercedes	88	+ 20,395	50,224	(4.)
6.	9	Mike Rockenfeller (D)	Abt	Audi A4 DTM	2009	Audi Sport Team Abt Sportsline	88	+ 36,087	50,443	(8.)
7.	3	Bruno Spengler (CDN)	HWA	AMG Mercedes C-Klasse	2009	Mercedes-Benz Bank AMG	88	+ 38,586	50,637	(15.)
8.	7	Jamie Green (GB)	HWA	AMG Mercedes C-Klasse	2009	AMG Mercedes	88	+ 42,698	50,386	(7.)
9.	5	Oliver Jarvis (GB)	Abt	Audi A4 DTM	2009	Audi Sport Team Abt	88	+ 46,941	50,636	(14.)
10.	16	Maro Engel (D)	Mücke	AMG Mercedes C-Klasse	2008	GQ AMG Mercedes	88	+ 48,473	50,510	(10.)
11.	18	Filipe Albuquerque (P)	Rosberg	Audi A4 DTM	2008	Audi Sport Team Rosberg	87	- 1 Rd.	50,575	(13.)
12.	17	David Coulthard (GB)	Mücke	AMG Mercedes C-Klasse	2008	Deutsche Post AMG Mercedes	87	- 1 Rd.	50,542	(12.)
13.	11	Christian Vietoris (D)[2]	Persson	AMG Mercedes C-Klasse	2008	Junge Sterne AMG Mercedes	87	- 1 Rd.	50,516	(11.)
14.	10	Susie Stoddart (GB)	Persson	AMG Mercedes C-Klasse	2008	TV SPIELFILM AMG Mercedes	87	- 1 Rd.	50,859	(17.)
15.	20	Renger van der Zande (NL)	Persson	AMG Mercedes C-Klasse	2008	stern AMG Mercedes	87	- 1 Rd.	50,690	(16.)
16.	4	Timo Scheider (D)	Abt	Audi A4 DTM	2009	Audi Sport Team Abt	85	- 2 Rd.	50,045	(2.)
17.	15	Rahel Frey (CH)	Phoenix	Audi A4 DTM	2008	Audi Sport Team Phoenix	68	- 20 Rd.	50,453	(9.)
	22	Miguel Molina (E)	Abt	Audi A4 DTM	2008	Audi Sport Team Abt Junior	8	Kollision	51,658	(18.)

[1]Zwei Einführungsrunden wegen Regens. Renndistanz auf 97 Runden verkürzt. Rennen nach 75 Maximalzeit neun Runden früher als geplant beendet. [2]Durchfahrtsstrafe wegen Überholens unter gelber Flagge.

Führungsposition 1.–10. Rd. Rockenfeller; 11.–45. Rd. Tomczyk; 46. Rd. Ekström; 47.–56. Rd. Mortara; 57.–88. Rd. Tomczyk

Martin Tomczyk Audi A4 DTM

Freies Training 1

Pl. Fahrer	Zeit
1. M. Molina	42,776
2. E. Mortara	42,812
3. M. Engel	42,862
4. D. Coulthard	42,870
5. M. Rockenfeller	42,877
6. T. Scheider	42,899
7. R. Schumacher	42,947
8. C. Vietoris	42,955
9. M. Ekström	42,983
10. R. van der Zande	43,049
11. G. Paffett	43,054
12. B. Spengler	43,080
13. F. Albuquerque	43,105
14. J. Green	43,148
15. M. Tomczyk	43,154
16. O. Jarvis	43,192
17. S. Stoddart	43,325
18. R. Frey	43,566

Freies Training 2

Pl. Fahrer	Zeit
1. R. Schumacher	41,948
2. G. Paffett	41,957
3. J. Green	41,961
4. M. Rockenfeller	41,963
5. F. Albuquerque	42,034
6. M. Tomczyk	42,085
7. B. Spengler[1]	42,091
8. C. Vietoris	42,111
9. M. Molina	42,123
10. T. Scheider	42,143
11. D. Coulthard	42,157
12. E. Mortara	42,185
13. M. Engel	42,231
14. M. Ekström	42,236
15. O. Jarvis	42,253
16. R. van der Zande	42,331
17. R. Frey	42,494
18. S. Stoddart	42,649

Zeittraining

Pl. Fahrer	Zeittraining 1[2]	Zeittraining 2[3]	Zeittraining 3	Zeittraining 4
1. M. Rockenfeller	42,241 (1.)	41,996 (4.)	41,968 (3.)	42,090 (1.)
2. G. Paffett	–	41,968 (2.)	42,006 (4.)	42,288 (2.)
3. M. Tomczyk	42,648 (9.)	41,995 (3.)	41,961 (2.)	42,297 (3.)
4. J. Green	–	42,018 (6.)	41,959 (1.)	42,345 (4.)
5. M. Ekström	42,364 (3.)	42,039 (7.)	42,039 (5.)	
6. B. Spengler	–	42,040 (8.)	42,068 (6.)	
7. R. Schumacher	–	41,917 (1.)	42,080 (7.)	
8. M. Molina	42,694 (10.)	42,012 (5.)	42,121 (8.)	
9. E. Mortara	42,451 (4.)	42,070 (9.)		
10. M. Engel	42,506 (5.)	42,090 (10.)		
11. C. Vietoris	42,545 (7.)	42,093 (11.)		
12. T. Scheider	42,276 (2.)	42,103 (12.)		
13. R. van der Zande	42,756 (11.)	42,223 (13.)		
14. O. Jarvis	42,974 (12.)	42,263 (14.)		
15. R. Frey	42,998 (13.)	42,275 (15.)		
16. D. Coulthard	42,592 (8.)	42,320 (16.)		
17. S. Stoddart	43,048 (14.)	42,554 (17.)		
18. F. Albuquerque	42,510 (6.)	–		

Warm-up

Pl. Fahrer	Zeit
1. G. Paffett	42,822
2. M. Tomczyk	42,836
3. T. Scheider	42,850
4. R. Schumacher	42,860
5. J. Green	42,862
6. D. Coulthard	42,885
7. M. Engel	42,905
8. B. Spengler	42,930
9. M. Ekström	42,936
10. C. Vietoris	42,966
11. E. Mortara	42,973
12. M. Rockenfeller	43,001
13. O. Jarvis	43,014
14. F. Albuquerque	43,064
15. R. van der Zande	43,071
16. M. Molina	43,136
17. S. Stoddart	43,381
18. R. Frey	43,506

[1]Wird wegen eines nicht gekennzeichneten Reifens in der Startaufstellung um zwei Plätze zurückversetzt. [2]Ausrutscher Albuquerque. Abbruch. Alle Piloten rücken ins zweite Segment vor. [3]Um die verbliebenen neun auf 20 Minuten verlängert.

08 DTM Oschersleben (D)

16.09.–18.09.2011 · **Wetter** Regen, 14,8 Grad · **Streckenlänge** 3,696 km · **Distanz** 45 Runden = 166,320 km · **Zuschauer** 65.000

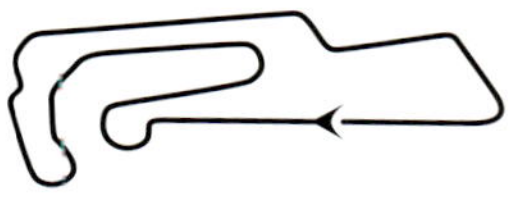

Rennen[1]

Pl.	Nr.	Fahrer (Nation)	Team	Fahrzeug	Jahrgang	Bewerber	Rd.	Zeit/Ausfallgrund	Schn. Runde	Pl.
1.	8	Mattias Ekström (S)	Abt	Audi A4 DTM	2009	Audi Sport Team Abt Sportsline	45	1:16.14,996	1:38,830	(1.)
2.	14	Martin Tomczyk (D)	Phoenix	Audi A4 DTM	2008	Audi Sport Team Phoenix	45	+ 42,167	1:39,571	(7.)
3.	19	Edoardo Mortara (I)	Rosberg	Audi A4 DTM	2008	Audi Sport Team Rosberg	45	+ 43,376	1:39,316	(4.)
4.	2	Gary Paffett (GB)	HWA	AMG Mercedes C-Klasse	2009	THOMAS SABO AMG Mercedes	45	+ 53,184	1:39,304	(3.)
5.	11	Christian Vietoris (D)	Persson	AMG Mercedes C-Klasse	2008	Junge Sterne AMG Mercedes	45	+ 53,873	1:39,577	(8.)
6.	9	Mike Rockenfeller (D)	Abt	Audi A4 DTM	2009	Audi Sport Team Abt Sportsline	45	+ 54,795	1:39,630	(9.)
7.	16	Maro Engel (D)	Mücke	AMG Mercedes C-Klasse	2008	GQ AMG Mercedes	45	+ 56,504	1:39,470	(6.)
8.	22	Miguel Molina (E)	Abt	Audi A4 DTM	2008	Audi Sport Team Abt Junior	45	+ 1.04,593	1:40,175	(13.)
9.	5	Oliver Jarvis (GB)	Abt	Audi A4 DTM	2009	Audi Sport Team Abt	45	+ 1.22,704	1:39,371	(5.)
10.	17	David Coulthard (GB)	Mücke	AMG Mercedes C-Klasse	2008	Deutsche Post AMG Mercedes	45	+ 1.25,008	1:39,752	(12.)
11.	7	Jamie Green (GB)	HWA	AMG Mercedes C-Klasse	2009	AMG Mercedes	45	+ 1.27,514	1:40,428	(14.)
12.	15	Rahel Frey (CH)	Phoenix	Audi A4 DTM	2008	Audi Sport Team Phoenix	44	- 1 Rd.	1:39,737	(11.)
13.	3	Bruno Spengler (CDN)	HWA	AMG Mercedes C-Klasse	2009	Mercedes-Benz Bank AMG	42	- 3 Rd.	1:39,681	(10.)
	4	Timo Scheider (D)	Abt	Audi A4 DTM	2009	Audi Sport Team Abt	25	Kühler	1:39,276	(2.)
	18	Filipe Albuquerque (P)	Rosberg	Audi A4 DTM	2008	Audi Sport Team Rosberg	11	Kollisionsfolgen	1:41,510	(15.)
	6	Ralf Schumacher (D)	HWA	AMG Mercedes C-Klasse	2009	Salzgitter AMG Mercedes	9	Kollision	1:41,931	(16.)
	20	Renger van der Zande (NL)	Persson	AMG Mercedes C-Klasse	2008	stern AMG Mercedes	6	Unfall	1:43,189	(17.)
	10	Susie Stoddart (GB)	Persson	AMG Mercedes C-Klasse	2008	TV SPIELFILM AMG Mercedes	2	Unfall	1:49,019	(18.)

[1]Zwei Einführungsrunden wegen Regens. Renndistanz auf 49 Runden verkürzt. Rennen nach 75 Maximalzeit vier Runden früher als geplant beendet.

Führungsposition 1.–7. Rd. Spengler; 8.–25. Rd. Ekström; 26.–28. Rd. Spengler; 29.–31. Rd. Ekström; 32. Rd. Mortara; 33.–45. Rd. Ekström

Mattias Ekström Audi A4 DTM

Freies Training 1

Pl. Fahrer	Zeit
1. F. Albuquerque	1.22,722
2. M. Rockenfeller	1.22,962
3. M. Molina	1.23,194
4. T. Scheider	1.23,339
5. D. Coulthard	1.23,378
6. O. Jarvis	1.23,475
7. M. Tomczyk	1.23,496
8. M. Ekström	1.23,504
9. M. Engel	1.23,524
10. B. Spengler	1.23,700
11. R. Schumacher	1.23,905
12. J. Green	1.23,944
13. E. Mortara	1.23,951
14. G. Paffett	1.24,056
15. C. Vietoris	1.24,057
16. S. Stoddart	1.24,230
17. R. van der Zande	1.24,250
18. R. Frey	1.24,408

Freies Training 2

Pl. Fahrer	Zeit
1. F. Albuquerque	1.22,306
2. M. Molina	1.22,362
3. B. Spengler	1.22,505
4. M. Rockenfeller	1.22,517
5. R. Schumacher	1.22,525
6. T. Scheider	1.22,625
7. O. Jarvis	1.22,636
8. M. Tomczyk	1.22,674
9. G. Paffett	1.22,768
10. M. Ekström	1.22,774
11. D. Coulthard	1.22,817
12. C. Vietoris	1.22,825
13. J. Green	1.22,901
14. M. Engel	1.22,919
15. E. Mortara	1.23,075
16. R. van der Zande	1.23,091
17. S. Stoddart	1.23,569
18. R. Frey	1.23,611

Zeittraining

Pl. Fahrer	Zeittraining 1	Zeittraining 2	Zeittraining 3	Zeittraining 4
1. M. Molina	1.22,617 (11.)	1.22,174 (5.)	1.21,810 (2.)	1.22,371 (1.)
2. B. Spengler	1.22,408 (3.)	1.22,026 (1.)	1.21,801 (1.)	1.22,372 (2.)
3. O. Jarvis	1.22,209 (1.)	1.22,140 (3.)	1.21,928 (3.)	1.22,517 (3.)
4. M. Ekström	1.22,510 (7.)	1.22,238 (8.)	1.22,023 (4.)	1.22,687 (4.)
5. T. Scheider	1.22,473 (5.)	1.22,223 (7.)	1.22,090 (5.)	
6. J. Green	1.22,563 (9.)	1.22,168 (4.)	1.22,111 (6.)	
7. R. Schumacher	1.22,479 (6.)	1.22,178 (6.)	1.22,149 (7.)	
8. E. Mortara	1.22,387 (2.)	1.22,086 (2.)	1.22,818 (8.)	
9. M. Engel	1.22,655 (13.)	1.22,333 (9.)		
10. M. Rockenfeller	1.22,624 (12.)	1.22,339 (10.)		
11. F. Albuquerque	1.22,580 (10.)	1.22,348 (11.)		
12. D. Coulthard	1.22,875 (14.)	1.22,426 (12.)		
13. C. Vietoris[2]	1.22,528 (8.)	1.22,507 (13.)		
14. R. van der Zande	1.22,419 (4.)	1.22,518 (14.)		
15. M. Tomczyk	1.22,978 (15.)			
16. S. Stoddart	1.23,275 (16.)			
17. R. Frey	1.23,314 (17.)			
18. G. Paffett	–[1]			

Warm-up

Pl. Fahrer	Zeit
1. M. Tomczyk	1.23,551
2. M. Ekström	1.23,574
3. F. Albuquerque	1.23,588
4. C. Vietoris	1.23,591
5. D. Coulthard	1.23,842
6. R. Schumacher	1.24,020
7. M. Molina	1.24,026
8. B. Spengler	1.24,041
9. T. Scheider	1.24,042
10. R. van der Zande	1.24,113
11. E. Mortara	1.24,136
12. M. Engel	1.24,200
13. O. Jarvis	1.24,243
14. J. Green	1.24,287
15. G. Paffett	1.24,289
16. S. Stoddart	1.24,530
17. M. Rockenfeller	1.24,535
18. R. Frey	1.24,569

[1]Probleme an der Motorsteuerung. Wird nach dem Zeittraining wegen Verstoßes seines Teams gegen die Parc-Fermé-Regeln ans Ende der Startaufstellung versetzt. [2]Wird wegen Überholens unter gelber Flagge in Brands Hatch in der Startaufstellung um fünf Plätze zurückversetzt.

STATISTIK

09 DTM Valencia (E)

30.09.–02.10.2011 · **Wetter** sonnig 27,7 Grad · **Streckenlänge** 4,005 km · **Distanz** 45 Runden = 180,225 km · **Zuschauer** 16.000

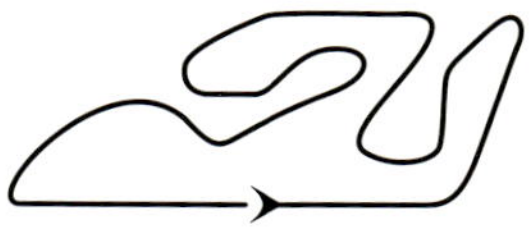

Rennen

Pl.	Nr.	Fahrer (Nation)	Team	Fahrzeug	Jahrgang	Bewerber	Rd.	Zeit/Ausfallgrund	Schn. Runde	Pl.
1.	8	Mattias Ekström (S)	Abt	Audi A4 DTM	2009	Audi Sport Team Abt Sportsline	45	1:10.45,452	1:32,492	(2.)
2.	18	Filipe Albuquerque (P)	Rosberg	Audi A4 DTM	2008	Audi Sport Team Rosberg	45	+ 18,103	1:32,858	(5.)
3.	14	Martin Tomczyk (D)	Phoenix	Audi A4 DTM	2008	Audi Sport Team Phoenix	45	+ 33,950	1:33,009	(9.)
4.	4	Timo Scheider (D)	Abt	Audi A4 DTM	2009	Audi Sport Team Abt	45	+ 34,346	1:32,267	(1.)
5.	22	Miguel Molina (E)	Abt	Audi A4 DTM	2008	Audi Sport Team Abt Junior	45	+ 39,788	1:32,885	(6.)
6.	5	Oliver Jarvis (GB)	Abt	Audi A4 DTM	2009	Audi Sport Team Abt	45	+ 40,655	1:33,248	(11.)
7.	3	Bruno Spengler (CDN)	HWA	AMG Mercedes C-Klasse	2009	Mercedes-Benz Bank AMG	45	+ 41,238	1:33,084	(10.)
8.	2	Gary Paffett (GB)	HWA	AMG Mercedes C-Klasse	2009	THOMAS SABO AMG Mercedes	45	+ 41,791	1:33,270	(14.)
9.	9	Mike Rockenfeller (D)	Abt	Audi A4 DTM	2009	Audi Sport Team Abt Sportsline	45	+ 44,671	1:32,833	(4.)
10.	7	Jamie Green (GB)	HWA	AMG Mercedes C-Klasse	2009	AMG Mercedes	45	+ 45,971	1:33,396	(16.)
11.	10	Susie Stoddart (GB)	Persson	AMG Mercedes C-Klasse	2008	TV SPIELFILM AMG Mercedes	45	+ 49,720	1:32,889	(7.)
12.	11	Christian Vietoris (D)	Persson	AMG Mercedes C-Klasse	2008	Junge Sterne AMG Mercedes	45	+ 50,736	1:33,337	(15.)
13.	6	Ralf Schumacher (D)	HWA	AMG Mercedes C-Klasse	2009	Salzgitter AMG Mercedes	45	+ 52,686	1:33,255	(12.)
14.	15	Rahel Frey (CH)	Phoenix	Audi A4 DTM	2008	Audi Sport Team Phoenix	45	+ 1:02,877	1:33,459	(17.)
15.	16	Maro Engel (D)	Mücke	AMG Mercedes C-Klasse	2008	GQ AMG Mercedes	45	+ 1:16,230	1:33,599	(18.)
16.	19	Edoardo Mortara (I)	Rosberg	Audi A4 DTM	2008	Audi Sport Team Rosberg	42	- 3 Rd.	1:33,256	(13.)
	20	Renger van der Zande (NL)[1]	Persson	AMG Mercedes C-Klasse	2008	stern AMG Mercedes	45	Wertungsausschluss	1:32,723	(3.)
	17	David Coulthard (GB)[1]	Mücke	AMG Mercedes C-Klasse	2008	Deutsche Post AMG Mercedes	45	Wertungsausschluss	1:32,912	(8.)

[1]Nachträglich aus Zeittraining und Rennen ausgeschlossen.

Führungsposition 1.–18. Rd. Ekström; 19.–25. Rd. Scheider; 26.–45. Rd. Ekström

Mattias Ekström Audi A4 DTM

Freies Training 1

Pl.	Fahrer	Zeit
1.	M. Molina	1.31,770
2.	G. Paffett	1.31,811
3.	M. Ekström	1.32,031
4.	R. Schumacher	1.32,093
5.	J. Green	1.32,139
6.	B. Spengler	1.32,141
7.	T. Scheider	1.32,156
8.	R. van der Zande	1.32,166
9.	F. Albuquerque	1.32,307
10.	M. Tomczyk	1.32,312
11.	D. Coulthard	1.32,352
12.	C. Vietoris	1.32,364
13.	E. Mortara	1.32,472
14.	S. Stoddart	1.32,700
15.	M. Rockenfeller	1.32,900
16.	O. Jarvis	1.32,918
17.	M. Engel	1.33,003
18.	R. Frey	1.33,589

Freies Training 2

Pl.	Fahrer	Zeit
1.	M. Molina	1.30,452
2.	M. Ekström	1.30,471
3.	E. Mortara	1.30,477
4.	M. Rockenfeller	1.30,597
5.	F. Albuquerque	1.30,681
6.	B. Spengler	1.30,741
7.	J. Green	1.30,793
8.	G. Paffett	1.30,867
9.	T. Scheider	1.30,919
10.	R. Schumacher	1.30,938
11.	M. Tomczyk	1.30,941
12.	O. Jarvis	1.31,074
13.	S. Stoddart	1.31,248
14.	R. van der Zande	1.31,302
15.	D. Coulthard	1.31,330
16.	R. Frey	1.31,342
17.	C. Vietoris	1.31,347
18.	M. Engel	1.31,437

Zeittraining

Pl.	Fahrer	Zeittraining 1		Zeittraining 2[1]		Zeittraining 3[2]		Zeittraining 4	
1.	M. Ekström	1.30,029	(2.)	keine Zeit		1.29,489	(1.)	1.30,608	(1.)
2.	F. Albuquerque	1.29,888	(1.)	1.29,852	(2.)	1.30,108	(2.)	1.31,021	(2.)
3.	M. Rockenfeller	1.30,372	(10.)	1.29,975	(4.)	1.30,202	(3.)		
4.	M. Molina	1.30,194	(5.)	1.29,733	(1.)	1.30,212	(4.)		
5.	T. Scheider	1.30,276	(7.)	1.30,277	(6.)	1.30,234	(5.)		
6.	O. Jarvis	1.30,301	(8.)	1.29,965	(3.)	1.30,240	(6.)		
7.	G. Paffett	1.30,052	(3.)	keine Zeit		1.30,297	(7.)		
8.	R. Schumacher[3]	1.30,312	(9.)	keine Zeit		1.30,304	(8.)		
9.	M. Tomczyk	1.30,195	(6.)	1.30,236	(5.)	1.30,554	(9.)		
10.	J. Green	1.30,424	(11.)	1.30,434	(8.)	1.30,602	(10.)		
11.	B. Spengler	1.30,431	(12.)	1.30,302	(7.)	1.30,621	(11.)		
12.	E. Mortara	1.30,180	(4.)	keine Zeit					
13.	M. Engel	1.30,583	(13.)						
14.	C. Vietoris	1.30,587	(14.)						
15.	R. Frey	1.30,712	(15.)						
16.	S. Stoddart	1.30,739	(16.)						
	R. van der Zande[4]	–							
	D. Coulthard[4]	–							

Warm-up

Pl.	Fahrer	Zeit
1.	M. Molina	1.31,242
2.	M. Ekström	1.31,328
3.	M. Tomczyk	1.31,604
4.	T. Scheider	1.31,630
5.	E. Mortara	1.31,747
6.	G. Paffett	1.31,787
7.	O. Jarvis	1.31,854
8.	R. Schumacher	1.31,866
9.	F. Albuquerque	1.31,904
10.	B. Spengler	1.31,954
11.	J. Green	1.31,988
12.	D. Coulthard	1.32,098
13.	R. van der Zande	1.32,139
14.	R. Frey	1.32,331
15.	M. Rockenfeller	1.32,467
16.	S. Stoddart	1.32,560
17.	M. Engel	1.32,582
18.	C. Vietoris	1.32,729

[1]Ausrutscher Mortara. Abbruch. Alle Piloten rücken ins dritte Segment vor. [2]Um die verbliebenen sechs auf 17 Minuten verlängert. [3]Wird wegen eines gefährlichen Manövers in Oschersleben in der Startaufstellung um drei Plätze zurückversetzt. [4]Nachträglich aus Zeittraining ausgeschlossen.

10 DTM Finale Hockenheim (D)

21.10.–23.10.2011 · **Wetter** sonnig 11,6 Grad · **Streckenlänge** 4,574 km · **Distanz** 38 Runden = 173,812 km · **Zuschauer** 120.000

Rennen

Pl.	Nr.	Fahrer (Nation)	Team	Fahrzeug	Jahrgang	Bewerber	Rd.	Zeit/Ausfallgrund	Schn. Runde	Pl.
1.	7	Jamie Green (GB)	HWA	AMG Mercedes C-Klasse	2009	AMG Mercedes	38	1:00.45,734	1.34,114	(1.)
2.	14	Martin Tomczyk (D)	Phoenix	Audi A4 DTM	2008	Audi Sport Team Phoenix	38	+ 7,620	1.34,331	(2.)
3.	22	Miguel Molina (E)	Abt	Audi A4 DTM	2008	Audi Sport Team Abt Junior	38	+ 10,142	1.34,519	(3.)
4.	9	Mike Rockenfeller (D)	Abt	Audi A4 DTM	2009	Audi Sport Team Abt Sportsline	38	+ 22,486	1.34,994	(11.)
5.	2	Gary Paffett (GB)	HWA	AMG Mercedes C-Klasse	2009	THOMAS SABO AMG Mercedes	38	+ 23,985	1.34,916	(8.)
6.	8	Mattias Ekström (S)	Abt	Audi A4 DTM	2009	Audi Sport Team Abt Sportsline	38	+ 24,418	1.34,910	(6.)
7.	4	Timo Scheider (D)	Abt	Audi A4 DTM	2009	Audi Sport Team Abt	38	+ 32,358	1.34,955	(9.)
8.	5	Oliver Jarvis (GB)	Abt	Audi A4 DTM	2009	Audi Sport Team Abt	38	+ 32,840	1.35,129	(14.)
9.	3	Bruno Spengler (CDN)	HWA	AMG Mercedes C-Klasse	2009	Mercedes-Benz Bank AMG	38	+ 33,201	1.35,172	(16.)
10.	18	Filipe Albuquerque (P)	Rosberg	Audi A4 DTM	2008	Audi Sport Team Rosberg	38	+ 34,967	1.34,968	(10.)
11.	6	Ralf Schumacher (D)	HWA	AMG Mercedes C-Klasse	2009	Salzgitter AMG Mercedes	38	+ 36,068	1.35,136	(15.)
12.	20	Renger van der Zande (NL)	Persson	AMG Mercedes C-Klasse	2008	stern AMG Mercedes	38	+ 42,319	1.35,094	(13.)
13.	19	Edoardo Mortara (I)	Rosberg	Audi A4 DTM	2008	Audi Sport Team Rosberg	38	+ 46,307	1.35,381	(17.)
14.	16	Maro Engel (D)	Mücke	AMG Mercedes C-Klasse	2008	GQ AMG Mercedes	38	+ 46,772	1.34,814	(4.)
15.	10	Susie Wolff (GB)[1]	Persson	AMG Mercedes C-Klasse	2008	TV SPIELFILM AMG Mercedes	38	+ 54,523	1.34,850	(5.)
16.	15	Rahel Frey (CH)[2]	Phoenix	Audi A4 DTM	2008	Audi Sport Team Phoenix	38	+ 1:02,122	1.35,075	(12.)
17.	17	David Coulthard (GB)	Mücke	AMG Mercedes C-Klasse	2008	Deutsche Post AMG Mercedes	37	- 1 Rd.	1.34,911	(7.)
	11	Christian Vietoris (D)	Persson	AMG Mercedes C-Klasse	2008	Junge Sterne AMG Mercedes	10	Reifen	1.35,819	(18.)

[1]Namensänderung (ehemals Stoddart) nach Heirat. Durchfahrtsstrafe wegen Gefährdung eines Konkurrenten in der Boxengasse nach dem Boxenstopp. [2]Durchfahrtsstrafe wegen Frühstarts.

Führungsposition 1.–13. Rd. Green; 14.–19. Rd. Molina; 20.–26. Rd. Green; 27.–28. Rd. Molina; 29.–38. Rd. Green

Jamie Green AMG Mercedes C-Klasse

Freies Training 1

Pl.	Fahrer	Zeit
1.	M. Tomczyk	1.33,621
2.	M. Engel	1.33,789
3.	C. Vietoris	1.33,884
4.	M. Rockenfeller	1.33,983
5.	R. van der Zande	1.34,039
6.	M. Ekström	1.34,089
7.	T. Scheider	1.34,259
8.	F. Albuquerque	1.34,337
9.	S. Wolff	1.34,485
10.	D. Coulthard	1.34,504
11.	E. Mortara	1.34,511
12.	B. Spengler	1.34,553
13.	M. Molina	1.34,602
14.	O. Jarvis	1.34,632
15.	G. Paffett	1.34,747
16.	J. Green	1.34,819
17.	R. Frey	1.34,930
18.	R. Schumacher	1.34,986

Freies Training 2

Pl.	Fahrer	Zeit
1.	T. Scheider	1.32,682
2.	M. Tomczyk	1.32,715
3.	M. Ekström	1.32,862
4.	M. Molina	1.32,882
5.	O. Jarvis	1.32,891
6.	C. Vietoris	1.32,897
7.	J. Green	1.32,903
8.	E. Mortara	1.33,029
9.	M. Rockenfeller	1.33,128
10.	B. Spengler	1.33,130
11.	G. Paffett	1.33,171
12.	F. Albuquerque	1.33,199
13.	M. Engel	1.33,282
14.	R. Schumacher	1.33,326
15.	R. van der Zande	1.33,362
16.	D. Coulthard	1.33,488
17.	R. Frey	1.33,640
18.	S. Wolff	1.33,676

Zeittraining

Pl.	Fahrer	Zeittraining 1		Zeittraining 2		Zeittraining 3		Zeittraining 4	
1.	M. Molina	1.33,224	(7.)	1.32,625	(1.)	1.32,584	(1.)	1.32,717	(1.)
2.	J. Green	1.32,977	(1.)	1.32,743	(3.)	1.32,719	(4.)	1.32,920	(2.)
3.	M. Tomczyk	1.33,333	(11.)	1.32,798	(5.)	1.32,646	(2.)	1.33,039	(3.)
4.	M. Rockenfeller	1.33,229	(8.)	1.32,994	(6.)	1.32,714	(3.)	1.33,510	(4.)
5.	T. Scheider	1.33,126	(3.)	1.32,753	(4.)	1.32,883	(5.)		
6.	B. Spengler	1.33,312	(10.)	1.33,082	(8.)	1.32,922	(6.)		
7.	G. Paffett	1.33,356	(12.)	1.32,729	(2.)	1.33,103	(7.)		
8.	O. Jarvis	1.33,308	(9.)	1.33,048	(7.)	1.33,188	(8.)		
9.	F. Albuquerque	1.33,120	(2.)	1.33,085	(9.)				
10.	M. Ekström	1.33,191	(6.)	1.33,103	(10.)				
11.	E. Mortara	1.33,130	(4.)	1.33,144	(11.)				
12.	C. Vietoris	1.33,173	(5.)	1.33,172	(12.)				
13.	R. Schumacher	1.33,375	(13.)	1.33,352	(13.)				
14.	R. van der Zande	1.33,400	(14.)	1.33,617	(14.)				
15.	M. Engel	1.33,539	(15.)						
16.	D. Coulthard	1.33,761	(16.)						
17.	S. Wolff	1.33,930	(17.)						
18.	R. Frey	1.34,090	(18.)						

Warm-up

Pl.	Fahrer	Zeit
1.	M. Molina	1.33,571
2.	M. Tomczyk	1.33,815
3.	B. Spengler	1.33,832
4.	T. Scheider	1.33,938
5.	J. Green	1.33,972
6.	E. Mortara	1.33,997
7.	G. Paffett	1.34,054
8.	M. Ekström	1.34,079
9.	F. Albuquerque	1.34,080
10.	D. Coulthard	1.34,136
11.	M. Rockenfeller	1.34,155
12.	R. van der Zande	1.34,202
13.	C. Vietoris	1.34,217
14.	M. Engel	1.34,221
15.	S. Wolff	1.34,430
16.	R. Schumacher	1.34,480
17.	O. Jarvis	1.34,532
18.	R. Frey	1.35,143

STATISTIK

DTM München (D)[1]

16.07.–17.07.2011 · Wetter wolkig, 18,0 Grad · Streckenlänge 1,192 km · Zuschauer 54.000

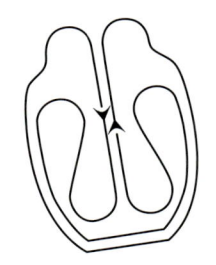

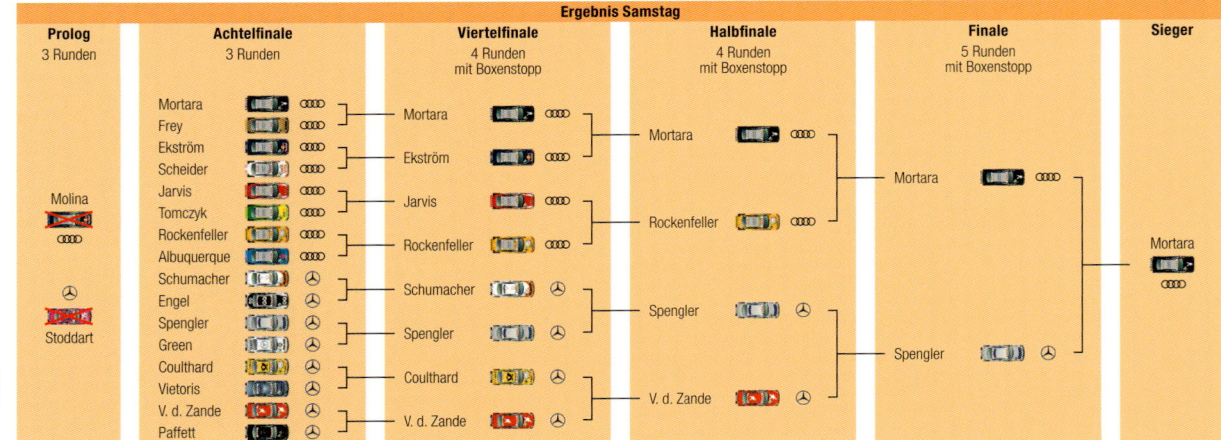

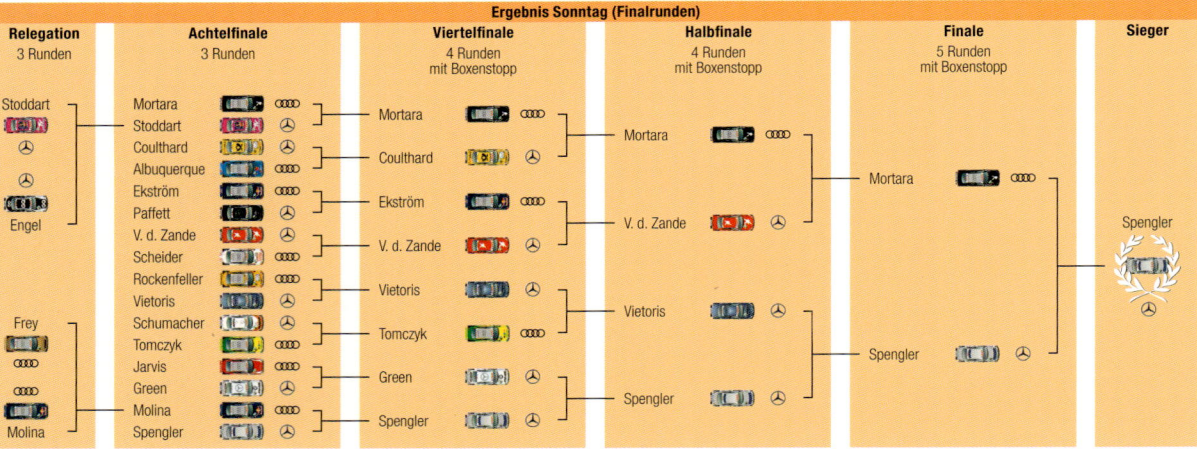

Ergebnis Samstag

Prolog 3 Runden	Achtelfinale 3 Runden	Viertelfinale 4 Runden mit Boxenstopp	Halbfinale 4 Runden mit Boxenstopp	Finale 5 Runden mit Boxenstopp	Sieger
Molina	Mortara, Frey, Ekström, Scheider, Jarvis, Tomczyk, Rockenfeller, Albuquerque, Schumacher, Engel, Spengler, Green, Coulthard, Vietoris, V. d. Zande, Paffett	Mortara, Ekström, Jarvis, Rockenfeller, Schumacher, Spengler, Coulthard, V. d. Zande	Mortara, Rockenfeller, Spengler, V. d. Zande	Mortara, Spengler	Mortara
Stoddart					

Ergebnis Sonntag (Finalrunden)

Relegation 3 Runden	Achtelfinale 3 Runden	Viertelfinale 4 Runden mit Boxenstopp	Halbfinale 4 Runden mit Boxenstopp	Finale 5 Runden mit Boxenstopp	Sieger
Stoddart, Engel, Frey, Molina	Mortara, Stoddart, Coulthard, Albuquerque, Ekström, Paffett, V. d. Zande, Scheider, Rockenfeller, Vietoris, Schumacher, Tomczyk, Jarvis, Green, Molina, Spengler	Mortara, Coulthard, Ekström, V. d. Zande, Vietoris, Tomczyk, Green, Spengler	Mortara, V. d. Zande, Vietoris, Spengler	Mortara, Spengler	Spengler

Bruno Spengler AMG Mercedes C-Klasse

[1] Show-Event, keine Punkte für die Gesamtwertung.

2011 Endstände

CHAMPIONS 2011 **Fahrer** Martin Tomczyk · **Team** Audi Sport Team Abt Sportsline

Fahrerwertung

	Punkte	Hockenheim (D) S/E	Zandvoort (NL) S/E	Spielberg (A) S/E	Lausitzring (D) S/E	Norisring (D) S/E	Nürburgring (D) S/E	Brands Hatch (GB) S/E	Oschersleben (D) S/E	Valencia (E) S/E	Finale Hockenheim (D) S/E
1. Martin Tomczyk (D)	72	6. 5. 4	4. 3. 6	1. 1. 10	4. 1. 10	10. 3. 6	7. 5. 4	3. 1. 10	14. 2. 8	8. 3. 6	3. 2. 8
2. Mattias Ekström (S)	52	2. 2. 8	16. 8. 1	18. NG 0	1. 4. 5	4. 7. 2	1. 1. 10	10. 5. 2	8. 4. 5	10. 1. 10	10. 6. 3
3. Bruno Spengler (CDN)	51	1. 1. 10	1. 2. 8	4. 5. 4	3. 1. 6	1. 10. 4	2. 3. 6	8. 7. 2	13. 10. 7	2. 5. 4	11. NG 0
4. Timo Scheider (D)	36	4. 4. 5	6. 5. 4	7. 2. 9	2. 8. 4	5. 8. 4	5. 12. 16. 0	5. NG 0	5. 4. 5	5. 7. 2	
5. Jamie Green (GB)	35	14. 7. 2	2. 4. 5	9. 6. 3	2. 2. 6	3. 3. 2	8. 2. 8	6. 3. 4	8. 1. 6	11. 9. 0	9. 0. 2. 1. 10
6. Mike Rockenfeller (D)	31	5. 11. 0	3. 1. 10	5. 5. 4		17. 14. 0	3. 6. 3	6. 1. 8	3. 10. 6	3. 9. 0	4. 8. 1
7. Gary Paffett (GB)	25	18. 6. 3	5. 9. 0	8. 1. 5. 4. 5	2. NG 0	13. 8. 1	2. 4. 5	18. 4. 5	7. 8. 1	7. 5. 4	
8. Ralf Schumacher (D)	21	3. 3. 6	8. 11. 0	3. 2. 8	17. 12. 0	5. 6. 3	17. NG 0	6. 5. 4	7. NG 0	11. 13. 0	13. 11. 0
9. Edoardo Mortara (I)	21	10. 14. 0	7. 6. 3	4. 10. 0	12. NG 0	15. 8. 5. 5. 4	7. 2. 9	3. 6. 3	6. 12. 0	11. 13. 0	
10. Oliver Jarvis (GB)	14	12. 9. 0	12. 10. 0	2. 6. 3	6. 5. 4	11. 15. 0	15. 10. 0	14. 9. 0	3. 9. 0	6. 6. 3	8. 4. 1
11. Miguel Molina (E)	11	8. 16. 0	9. 14. 0	17. 11. 0	11. 16. 0	9. 12. 0	7. NG 0	1. 8. 1	4. 4. 5	4. 1. 3. 6	
12. Filipe Albuquerque (P)	9	15. 7. 2	10. NG 0	11. 12. 0	8. 8. 1	16. 16. 0	12. 16. 0	9. 18. 11. 0	11. NG 0	2. 2. 8	9. 10. 0
13. Maro Engel (D)	5	7. 8. 1	13. 7. 2	6. 14. 0	16. 10. 0	9. 18. 0	15. 10. 10. 0	9. 7. 2	15. 6. 3	15. 14. 0	
14. Christian Vietoris (D)	4	9. 13. 0	17. 15. 0	10. 15. 0	10. 9. 0	12. 11. 0	11. 13. 0	11. 13. 0	17. 5. 4	14. 12. 0	12. NG 0
15. Tom Kristensen (DK)	2				7. 7. 2						
16. David Coulthard (GB)	1	13. 10. 0	14. 16. 0	14. 9. 0	15. 13. 0	13. 8. 1	12. 10. 0	13. 12. 0	12. 10. 0	WA WA	16. 17. 0
17. Renger van der Zande (NL)	0	11. 18. 0	11. 13. 0	14. NG 0	14. 10. 0	14. 9. 0	13. 0. 0	13. NG 0	WA WA	14. 12. 0	
18. Susie Wolff (GB)[1]	0	16. 12. 0	15. 12. 0	0 15. 12. 0	14. NS 0	15. 14. 0	15. 11. 0	15. 16. 0	16. 11. 0	16. 15. 0	
19. Rahel Frey (CH)	0	17. 15. 0	18. 17. 0	17. 16. 0	18. 17. 0	16. 12. 0	15. 0. 15. 14. 0				

[1] Ehemals Stoddart.

Legende 0 = im Ziel, aber außerhalb der Punktewertung; NG = nicht gewertet; NS = nicht gestartet; keine Angabe = nicht teilgenommen; WA = Wertungsausschluss

Teamwertung

1. **Audi Sport Team Abt Sportsline** — Ekström/Rockenfeller — 85
2. **THOMAS SABO/Mercedes-Benz Bank AMG** — Paffett/Spengler — 76
3. **Audi Sport Team Phoenix** — Frey/Tomczyk — 72
4. **Salzgitter/AMG Mercedes** — Green/Schumacher — 56
5. **Audi Sport Team Abt** — Jarvis/Scheider — 50
6. **Audi Sport Team Rosberg** — Albuquerque/Mortara — 30
7. **Audi Sport Team Abt Junior** — Molina — 11
8. **Deutsche Post/GQ AMG Mercedes** — Coulthard/Engel — 6
9. **Junge Sterne/ TV SPIELFILM AMG Mercedes** — Wolff/Vietoris — 4

Siege
Fahrer: Ekström 3; Tomczyk 3; Spengler 2; Green 1; Rockenfeller 1
Hersteller: Audi 7; Mercedes-Benz 3
Teams: Abt Sportsline 4; HWA 3; Phoenix 3

Pole-Positions
Fahrer: Spengler 4; Ekström 2; Molina 2; Rockenfeller 1; Tomczyk 1
Hersteller: Audi 6; Mercedes-Benz 4
Teams: Abt Sportsline 5; HWA 4; Phoenix 1

Schnellste Rennrunden
Fahrer: Spengler 2; Scheider 2; Green 2; Ekström 1; Coulthard 1; Rockenfeller 1; Tomczyk 1
Hersteller: Audi 5; Mercedes-Benz 5
Teams: Abt Sportsline 4; HWA 4; Mücke 1; Phoenix 1

Führungsrunden
Fahrer: Spengler 139; Ekström 130; Tomczyk 122; Green 34; Rockenfeller 22; Scheider 21; Mortara 14; Molina 8; Jarvis 6; Engel 1; Schumacher 1
Hersteller: Audi 323; Mercedes-Benz 175
Teams: Abt Sportsline 187; HWA 174; Phoenix 122; Rosberg 14; Mücke 1